COLECCION
UNIVERSIDAD

FELICIANO DELGADO

El Lenguaje de la Novela

PUBLICACIONES DEL MONTE DE PIEDAD
Y CAJA DE AHORROS DE CORDOBA
Córdoba, 1988

IMPRENTA SAN PABLO
Murcia, 4-6 - Teléfono 25 60 93 - CORDOBA
ISBN: 84-505-8046-3
Depósito Legal: CO. 1.315/1988

INTRODUCCION

La lingüística y la literatura se han solido mirar con malos ojos. El poeta teme que el lingüista diseque la creación al someterla a análisis y el lingüista que estudia las palabras teme enfrentarse con lo más leve que se puede hacer con las palabras, que es la creación poética.

Se ha solido aceptar la lingüística dentro de la literatura como el paso previo para la inteligencia o fijación de los textos, pero en el momento en que se llegaba ahí el estudio literario tenía métodos bien diversos que los que empleaba la lingüística.

El recelo se ha ido perdiendo. Ahora se comienza a hablar menos de estilística y se estudian más los estilos. Vuelve a reexaminarse la antigua retórica. Sobre todo se intenta utilizar el mismo método de la lingüística a otro tipo de estructuras lingüísticas de orden más superior que las que habían sido estudiadas por la lingüística tradicional.

En el momento en que se establece un punto de vista coherente para analizar el lenguaje y se distingue los planos de análisis, es posible y necesario que lo que se realiza en un nivel pueda realizarse en otro tipo de nivel, con el mismo método y el mismo rigor.

El camino del análisis lingüístico ha partido de comunicaciones extensas, de un corpus, oral o escrito. Segmentando ese corpus se han establecido las unidades menores: fonemas, morfemas, y se ha visto cómo se relacionaban entre sí. Pero es posible que ese método, desarrollado para establecer las unidades menores y ver el tipo de relaciones que se establecen entre ellos y la relación de cada uno con el conjunto de todos, se aplique a la totalidad del corpus o a unidades mayores dentro de ese corpus.

Los presupuestos para poder realizar la aplicación del método de investigación morfológica o fonológica a otros planos son los siguientes: en primer lugar hay que presuponer que la obra literaria que se estudia forma un conjunto cerrado. En segundo lugar, que está formada de partes. Por estar formada de partes y formar conjunto cerrado esas partes mantienen unas relaciones entre ellas y con la totalidad del conjunto (1).

Evidentemente la obra literaria y en concreto un relato forma una unidad. Las partes existen en el relato en función de la totalidad de lo relatado. Una novela no termina cuando se le pone fin. Se le pone fin cuando ha terminado. El final de la obra es un producto de la trabazón de sus partes. La coherencia interna es el único criterio universalmente válido para juzgar una obra artística (2). Esa obra, con capacidad de poseer una unidad, se realiza en el tiempo (si se pronuncia o se escucha) o en el espacio (si está escrita). No podemos captar la totalidad de un relato sino por el análisis sucesivo. Ese análisis sucesivo nos hace afirmar la existencia de unas partes.

Si lo que constituye la condición para poder realizar un análisis lingüístico en un plano fónico, por ejemplo, es la misma condición que se realiza en un orden puede ser aplicado a otro.

Intentamos proceder con una cierta lentitud para determinar con claridad ese paso de niveles, conservando la misma metodología.

¿Qué papel ocupa una obra literaria, en concreto un relato, dentro de una teoría de la comunicación?

La literatura tiene una función estética, tiene una función social, pero tiene un función específica dentro de una comunicación lingüística.

---

(1) Piajet, J.: *Le Structuralisme*. PUF (París, 1968).
(2) Cfr. Dufrenne, M.: *L'Expérience esthetique,* PUF (París, 1953).

El primero que relacionó nuevas teorías de la comunicación con la situación de la expresión lingüística fue Jakobson (3). En todo proceso de comunicación hay un emisor, el que habla, hay un oyente, el que escucha, un mensaje, lo que se comunica y un código común, para que se pueda transmitir el mensaje. El lenguaje, todo lenguaje, es una expresión de la interioridad del hablante; es una variación sobre el oyente; mantiene, por medios lingüísticos el contacto entre hablante y oyente o entre emisor y receptor; la comunicación lingüística dice «cosas», trasmite un mensaje determinado.

Jakobson utilizó este esquema de la teoría de comunicación para situar en un plano exacto las características del mensaje poético. Un mensaje poético es aquel en el que la forma es esencial a la esencia del mensaje. En cualquier comunicación mostrenca se puede separar lo que se dice de la forma como se dice. La comunicación no creativa puede traducirse en otra forma lingüística. Lo que interesa comunicar no es la forma concreta del mensaje, sino la substancia de lo dicho. En una comunicación creativa, lo que se dice y el modo escogido para decirlo forman una unidad indestructible.

En el esquema de Jakobson hay otro punto que no ha sido señalado y que creo aclara mucho la característica especial de la obra literaria. Toda comunicación presupone la reversibilidad. Quien es emisor se constituye por la interior necesidad del proceso de comunicación en oyente, y quien era oyente se transforma en emisor. Hay un proceso alternante en el que los que dialogan van cambiando sus funciones. Desde un punto de vista semántico, el hecho tiene mucha importancia. Cuando hablamos partimos de nuestros conceptos interiores, buscamos la forma interior de ese mundo interior, escogemos la forma exterior que vamos a dar a nuestro mensaje y lo formulamos en una cadena sonora. La interpreta según un sistema de fonemas, capta el significado de los términos según la forma interior de la lengua en la que se habla y la asocia a sus conceptos mentales.

---

(3) Jakobson, R.: «Linguistics and Poetics» en Sebeok, T. A.: *Style and Language* (New York, 1960).

En la obra literaria el proceso nunca es reversible. Quien escribe, escribe para que alguien le lea. Se convierte en emisor para un cierto receptor, pero esos receptores no pueden entrar en comunicación normal si no se produce la comprensión, los contactos entre emisor y receptor se actúan para que el mensaje sea captado en su integridad. En la obra literaria el mensaje ha de ser aclarado por el mensaje mismo.

Por tanto, dentro de un sistema de comunicación, una novela, como cualquier obra literaria, se dirige a un receptor, a un lector sin esperar otra respuesta que el hecho de entrar en esa comunicación no reversible. Se trata de un conjunto cerrado, de un mensaje que supone un emisor, pero que no lo necesita para que el mensaje sea captado. De ahí la incapacidad del artista para explicar su propia obra. Su explicación está en la obra misma que ha de ser interpretada en función de la misma comunicación.

Las características del lenguaje literario frente a otros lenguajes, no está tanto en los medios especiales que emplea, sino en la situación que tiene respecto del que lo ha producido. El pretender la crítica moderna un análisis literario inmanente surge de esta situación esencial dentro del sistema de comunicación.

Esa obra así constituida es una construcción, una totalidad, una estructura formada por estructuras de orden inferior. Es decir: al pretender analizar la obra creativa desde este punto de vista tenemos que darnos cuenta del nivel de análisis en el que operamos. Benveniste ha ponderado la importancia que tiene en la lingüística el señalar el nivel de análisis en el que se opera (4).

Martinet ha establecido dos niveles de análisis, que él llama la doble articulación del hecho lingüístico. Dice Martinet: «cada lengua articula su mensaje según un código particular y cada unidad del código está a su vez articulado en unidades distintivas que forman un sistema particular» (5). Martinet distingue en el lenguaje una doble articulación. La primera articulación para Martinet es que el mensaje está

(4) Benveniste E.: «Les niveaux de l'analysse linguistique». *Proceeding of the Ninth International Congress of Linguists.* Mouton (La Haya, 1964), págs. 266-275.
(5) Martinet, A.: *La linguistique syncronique,* PUF (París, 1965), págs. 1-21.

articulado por unidades menores funcionales. Esas unidades menores son el elemento constituyente de la oración y a su vez están constituidos por unidades de índole menor. Es decir: el mensaje puede ser dividido en oraciones y esas oraciones están constituidas por secuencias de fonemas.

Buyssens ha extendido esta consideración sobre la articulación a la totalidad de cualquier mensaje. Para él, según expuso en el Noveno Congreso de Lingüistas de 1929 (6), los rasgos pertinentes se articulan para formar unidades simples significativas; los signos se agrupan en unidades menores de relación o sintagmas; las unidades menores se articulan en unidades complejas; las unidades complejas se articulan en una comunicación.

Si se trata de una comunicación literaria, por su carácter cerrado, se puede afirmar que las frases complejas o los párrafos se articulan en la totalidad de la obra.

Esas unidades del relato, en cuanto tales unidades, participan de las dos cualidades fundamentales que poseen los signos mínimos. Todo signo es un centro de dos tipos de relaciones. Tiene unas relaciones con los otros signos con los que forma una estructura. Son las relaciones sintagmáticas. Esas relaciones sintagmáticas hacen que una frase no sea una sincopación causal de signos, sino una ordenación de signos; no es que vayan unos juntos a otros, sino que van unos en relación con otros. A su vez cada signo es un núcleo de relaciones paradigmáticas. Cada signo está en relación con otros signos que no están allí, pero que podían estar. Se podía utilizar el ejemplo del sistema de columnas del arte griego. Una columna griega está en relación de estructura que le une con la base y con el apoyo superior. Pero a su vez, cuando decimos que esta columna es jónica, está en una relación con otras columnas, dóricas o corintias, que no están allí, pero que podían estar.

El estudio de los elementos paradigmáticos en el relato, se ha desarrollado a partir de los formalistas rusos (7). Vladi-

(6) Buyssens, E.: «La sextuple articulation du langage». Porc. Ninth Cong. Mouton (La Haya, 1964). También *La Comunication et l'articulation linguístique* (Bruselas, 1967).

(7) Erlich, V.: *Il formalismo russo*. Bompiani (Milán, 1966).

mir Propp estudió la morfología del cuento ruso (8). Establece la forma alternante de variantes en el relato. Sin esa pretensión metodológica se había realizado lo mismo en España en el estudio de temas del romancero. Un replanteamiento de estos estudios desde el punto de vista estructural daría mucha luz a los procedimientos narrativos y expositivos de nuestra poesía tradicional. Greimas (9) lo ha aplicado, a nuestro juicio con poca fortuna, el análisis de un relato y lo mismo ha hecho Todorov (10).

Aquí se ha intentado seguir el camino sintagmático. Si se analiza la forma de narración de la *Eneida* nos damos cuenta que lo relatado se recoge a la mitad del camino. Primero se nos coloca la tempestad y luego los antecedentes hasta la llegada a las costas livinias. El camino podría haber sido distinto. Se podría haber comenzado por el relato directo de la caída de Troya y continuar por los acontecimientos sucesivos. Se trata de dos procedimientos sintagmáticos diversos.

Cada novela o cada relato, tiene su peculiar procedimiento. En lugar de analizar obras concretas hemos escogido unos cuantos procedimientos de utilización más universal. La totalidad del mundo narrativo es como una lengua y cada obra es un caso concreto de hablar. Partiendo de lo concreto, hemos intentado analizar procedimientos generales.

(8) Propp, V.: *Morphologie du conte*. Seuil (París, 1970). Véase también Jakoboson, R., «On russian fayry Tales». *Selected Writing*. T. IV Mouton (La Haya, 1967).

(9) Greimas, A. J., *Semántique Estructurale*. Larousse (París, 1966).

(10) Todorov, T.: «Les catégories du recit». *Comunications*, núm. 8. (1966), 125-151.

CAPITULO I

EL ESTUDIO DE LA NOVELA

La ciencia de la literatura –ya se llame retórica, preceptiva, crítica o estilística– está en sus comienzos. En unos comienzos confusos, juzgando con serenidad. En parte se
debe esta confusión a que es ciencia nueva (11). En parte a
que cualquiera se atreve a hablar de literatura con el más
reducido atavío de ideas y conceptos literarios.

Quizá, entre todos los campos de la literatura, sea la novela el género que vive en una mayor obscuridad crítica.
Además de recibir la confusión general que existe en la
ciencia literaria, la novela ha tenido su mayor expansión
creativa en una época de crisis general de las teorías y conceptos intelectuales. La poesía moderna ha vivido también
esa crisis de valores, pero hay en la poesía unos ciertos hitos
fijos de referencias para orientarse en toda posible evolución. La poesía ha mantenido, a pesar de sus variaciones,
una cierta marcha consecuente y es fácil, o al menos no es
muy difícil, distinguir en lo nuevo lo que es riqueza de lo
que es simple moda. A la luz de esos hitos permanente-
mente poéticos se pueden distinguir los elementos perma-
nentes de los fugaces en la marcha de la literatura.

En la novela hay muy pocos puntos de referencia, porque es un género nuevo que ha comenzado hace pocos si-
glos y no se ha asistido todavía a un ciclo cerrado de evolución para poder definir con claridad su curva.

---

(11) Si ésto pudiera parecer extraño nótese que si la retórica aparece perfecta
en Quintiliano, no es la retórica como tal, sino una concreta forma de la retórica.
La amplitud del género con una visión generalizada es casi de ayer.

Algunas tendencias de la crítica quieren juzgar y comprender la técnica de la novela a la luz del cantar épico. Pero esa referencia a un género anterior obscurece todavía más la esencia del género presente, puesto que sólo en su apariencia más exterior la novela moderna es un género heredado de la antigua épica. No se aclara nada el problema estético de la novela, con hablar de una *epopeya en verso* para caracterizar el poema épico y una *epopeya en prosa* para caracterizar a la novela. En Pinciano (¿1547?–después de 1627), con la agudeza y la libertad con que trataban a la retórica, los tratadistas del siglo XVI, ya se señaló que se podía dar una poesía escrita en prosa. La forma exterior no pertenece a la esencia del género (12). Hegel señaló como característica de la novela su «democratización». No puede existir épica moderna porque el poeta no tiene ya «mitos», ni «dioses», ni «héroes» (13). Esta característica hegeliana permitiría hablar de la primera novela burguesa del siglo XVIII, pero de ninguna manera serviría esta caracterización para la novela de la primera mitad del siglo XX, en la que si los dioses están ausentes, han vuelto los mitos y los héroes.

Huet hablaba de la novela como de un relato de amor inventado, que sería la forma actual del relato bizantino de Heliodoro (14). El concepto del P. Huet ha tenido larga influencia en las consideraciones ascéticas sobre la novela, las «fabulae amatoriae», de los libros espirituales, pero sólo se puede aplicar su definición a una parte de la producción del siglo XVIII y XIX. Nadie pretenderá hoy día que una obra de Sartre o Bernanos o Dostoievski es una historia de amor inventada por el novelista.

La novela moderna tampoco es una simple evolución del relato breve, en prosa, del medievo y primer renacimiento. Recibe de esos relatos muchos de sus actuales procedimientos. Pero no es el relato breve medieval potencia-

---

(12) Cfr. Menéndez Pelayo, *Historia de las Ideas Estéticas* (ed. Nac. 1940) II, pág. 325.

(13) Para la utilización de estas ideas para caracterizar procedimientos narrativos, véase Koskimies, *Theorie des Romans* (Helsinki, 1935).

(14) Huet, *De l'origine des romans*. (París, 1670). Para la influencia del relato bizantino cfr. Riefstahl, *Der Roman des Apuleius Beitrang zur Romantheorie*. (Francfort, 1938).

do. Cervantes no se explica sin el *Decamerone,* pero Cervantes como novelista y en concreto, *Don Quijote,* es una unidad superior que marca la aparición de un nuevo género (15).

La novela moderna ha rebasado también los límites de lo que normalmente se entendía por literatura. La novela moderna, o al menos un sector numeroso de ella, ha sido un cauce de expresión ideológica. Los relatos de Sartre pertenecen tanto a la filosofía como a la literatura. Un crítico como Albert Roland ha podido referirse al «neotomismo» de Julien Green (1900), Evelyn Waugh (1903), François Mauriac (1885) y el misticismo oriental de Aldous L. Huxley (1894) (16). Toda literatura está relacionada con formas de pensamiento, pero parte de la novela moderna no es más que un capítulo de la historia de las ideas. En el caso de Sartre, por ejemplo, sus novelas literariamente de poco valor, tiene una gran importancia en la historia de la filosofía. Así ha sido posible también que un libro como el de Moehler (sobre todo su primer volumen, *Le silence de Dieu,* 1953) (17) no sólo sea un libro para la historia del sentimiento religioso, sino un libro de crítica literaria, puesto que el tema religioso que estudia es a la vez el núcleo central literario de los autores escogidos.

La novela moderna es evidente que está más cerca de la vida social, de la existencia concreta, que cualquier otro género literario. «Si la descripción de la esencia —escribe Simon de Beauvoir (1908)— manifiesta la filosofía propiamente de dicha, sólo la novela permite evocar en su realidad completa, singular, temporal, el brote original de la existencia» (18).

La sociología y la crítica literaria, que floreció en los años anteriores a la segunda Guerra Europea, vio en la novela un campo excepcional de expresión de ideas sociales y

<hr>

(15) La derivación semántica de la palabra no explica la evolución de contenido del género. El interesante artículo de W. Kraus, «Novela-Novella-Roman». ZRP, 60 (1939) 1969-220, debe ser leído teniendo en cuenta esta observación.

(16) A. Roland, «A. Rebirth of Values in Contemporary Fiction» *Western Humanities Review* (1952).

(17) Moehler, *Littérature du XXᵉ siécle et christianisme.* (París, 1953 y ss.).

(18) Simone de Beauvoir, «Littérature et méthaphisique» TML (1946) (1160-1161).

la comprobación en la novela de los principios marxistas (19). Hoy día esta clase de crítica pertenece al museo de curiosidades literarias, pero indica hasta qué punto la novela ha desbordado su antiguo campo.

Una novela puede ser un documento extraordinario para un sociólogo o para un historiador. Huizinga, en su *Otoño de la Edad Media* (ed. definitiva 1927) ha utilizado con acierto fuentes literarias para construir historia. Los orientalistas han publicado textos literarios babilonios primariamente con un fin exclusivamente histórico. Sólo en un segundo lugar con finalidad literaria. Pero el valor social de un libro no coincide con su valor literario. Un crítico como Hicks, por ejemplo, dice que la novela social constituye «la gran tradición de la novela norteamericana» (20). Su juicio está basado en una falta de perspectiva. Hoy sabemos que las mejores novelas norteamericanas son precisamente las que se escribieron fuera de esa tradición. La corriente de novela social fue un capítulo de la historia americana que tuvo su importancia en los años 1932 a 1936. *Las cepas del rencor (The Grapes of Wrath)* (1939) de John Steinbeck (1902-) o la producción completa de Upson Sinclair (1878-) valen más por la crítica social que por su valor literario. En un libro interesante, por lo discutible, de Robert Liddell (21), se pregunta el autor: ¿puede una buena novela ser una pobre obra de arte? Desde el punto de vista de la sociología la respuesta es clara. Una buena novela, buen testimonio sociológico –lo mismo se podía decir, buen testimonio histórico– puede ser un pobre, pobrísimo objeto artístico.

La novela –se ha dicho– es «el más complejo e informe de todos los géneros» (22). Es cierto. Pero lo mismo habría que afirmar si en un mismo siglo se hubieran escrito la *Eneida,* la *Divina Comedia, La Gerusalemne conquistada,* la *Chanson de Roland* y con las teorías aristotélicas, establecidas sobre el estudio de los poemas homéricos, se quisiera dilu-

---

(19) Goldman, «Materialisme dialetique et histoire de la litératura» RMM, 5 (1950) 283-301.

(20) G. Hicks, «Fiction and social Criticism» CoE, 14 (1952) 62-76.

(21) R. Lindell, *Some Principles of Fiction, (1953),* pág. 26.

(22) E. Muir, *The Structure of Novel.* (3 ed. Londres, 1938), pág. 36.

cidar todos y cada uno de los nuevos poemas homéricos, se quisiera dilucidar todos y cada uno de los nuevos poemas. (Esto no es una exageración. En un período históricamente corto podemos elegir una novela de Simenon, los *Finne-gans Wake* (1939) de Joyce, *The Waves* (1931) de Virginia Woolf y cualquiera de los relatos de Benjamín Jarnés, y con todo eso y con una preceptiva anticuada establecer unas reglas únicas de un género que admite tantas amplitu-des.

Hoy por hoy no hay más camino para llegar a un estu-dio de la novela que a través de la novela misma. Del análi-sis comparativo de las producciones, deducir sus elementos artísticos constantes y augurar su futuro. Estamos en el pri-mer estado preparativo de una «preceptiva» –teoría y juicio valorativo– eficaz del género novelístico. Una preceptiva, no puramente normativa, sino dinámica. Que señale las co-rrientes de posibilidades de la narración más que unas leyes fijadas sobre realizaciones pasadas. Que dé unos ciertos cri-terios de análisis para crear una crítica objetiva y serena de la novela.

Este estudio de la novela a través de ella misma admite varios caminos críticos. Ya se mire a la novela como una *es-tructura de narración* o como *una realización verbal,* el estudio puede hacerse por dos procedimientos diferentes. No opuestos, sino complementarios. Ni que decir tiene que se trata de dos puntos de mira de una única realidad.

Un camino es el histórico. No se trata de reducir el análisis literario a la pura historia de los textos, sino llegar a los textos con la ayuda de la perspectiva, selección y com-prensión que da la historia (23). Menéndez Pelayo lo abor-dó con el título, *Los Orígenes de la Novela* (1905-1910). La obra quedó solo en sus comienzos. Mejor podría haberse llamado, *Historia del relato en prosa en la Edad Media española, como introducción al estudio de La Celestina (que no es una nove-la).* El título hubiera sido exacto, pero un poco largo. Me-

---

(23) Hoy día, la escuela norteamericana del «New-criticism» prescinde abso-lutamente de toda consideración histórica. En realidad no parece prescindir en la práctica, pero lo sostiene como teoría. Creo que el análisis literario hay que redu-cirlo al de la forma, pero toda forma histórica, como es cualquier forma literaria, está de algún modo condicionada por usos formales anteriores y coetáneos.

néndez Pelayo estudió más incidentalmente la novela del naturalismo. Pero sus estudios en esta materia fueron más circunstanciales y con un método más pobre que él aplicaba a la literatura antigua. Puede uno figurarse lo que hubiera sido un estudio de Galdós, no desde la polémica contemporánea, sino desde la evolución lenta del género narrativo desde el Renacimiento hasta el siglo XIX.

El método histórico, usado con exclusividad, tiene una dificultad: carece de la perspectiva necesaria cuando nos acercamos a los planos más recientes. Es fácil aplicar un método histórico a la novela del XVII, a la novela romántica, a la aparición de las primeras corrientes realistas. Quizás también al conjunto de la novela sicológica, que va desde comienzos de siglo hasta hace unos años. Pero cuando más nos acercamos a nuestro presente inmediato, esas divisiones que la historia literaria hace, sirven sólo para determinar las producciones que siguen fielmente las corrientes anteriores, pero definen con dificultad a los autores que abren nuevos caminos.

Al lado de este estudio histórico, que hace normalmente mayor énfasis en los autores, corre otro camino, que sin prescindir del aspecto histórico, insiste más en el análisis de las técnicas o aspectos técnicos de la narración.

Hay que insistir en que los dos puntos de vista son complementarios y la división que aquí se hace puramente metodológica. La crítica no puede destrozar la unidad de la obra artística.

Se puede considerar a la novela en sí misma y aislar los elementos esenciales, que la constituyen en género diverso. El estudio de esos elementos esenciales del género son hoy día los mayores aciertos de la moderna crítica literaria. En la crítica actual de la novela, en lo que se insiste más es en su *técnica*. Esto hace augurar que no está lejos el día en que se pueda uno referir a la novela con la misma claridad de conceptos usuales con que nos referimos a la poesía.

El rápido avance evolutivo de la novela ha sido causa también que algunos libros que eran clásicos hace veinte años hayan quedado rebasados. Así por ejemplo las consideraciones que hace Forster (1879–) en su libro *Aspects of the Novel* (1927) (24), libro clásico en el mundo anglosajón, sobre la técnica de los propios problemas de la novela de Forster: la exclusión del tiempo sucesivo de la narración, para crear una «intriga», «fantasía», «profecía», «motivos» y «ritmos», son el intento de crear la preceptiva de la novela, pero son la preceptiva de sólo un sector de ella. Por esta dificultad de la novela no extraña encontrar en un buen libro como el de Wolfgang Kayser, *Interpretación y Análisis de la Obra Literaria* (trad. españo. 1954) que el capítulo dedicado a la novela sea de una pobreza lamentable.

Al hablar de «técnica de la novela» hay un concepto preliminar que aclarar. En una poesía, por ejemplo, hay que distinguir entre su construcción interna y su expresión exterior. Un soneto de Garcilaso y uno de Quevedo no se distinguen sólo en su mundo metafórico diversísimo, sino también en la forma de articular la expresión exterior –la forma interior de Humboldt con los doce pilares obligatorios–.

En la poesía moderna esta distinción es necesaria. Muchos poemas escritos con rima y estrofas no tienen más unidad que la que le dan la rima y la estrofa. Muchos de estos poemas descuidan su unidad interna. En la poesía de Bécquer, por ejemplo, es posible añadir estrofas y más estrofas siguiendo el mismo sistema comparativo. Recuérdese las construcción de «Volverán las obscuras golondrinas». Hay golondrinas y madreselvas que forman la preparación de la presentación del amor que es irrepetible, pero se podría alargar el poema introduciendo más comparaciones o se podría acortar el poema. La unidad interior del poema no está fuertemente ligada.

La poesía moderna que deja a un lado la rima y la estrofa tiene que insistir más en su unidad interior. De ahí que un estudio de poesía moderna tenga que volver siempre al núcleo creativo del poema y a partir de él llegar a la expresión concreta. Este mismo problema se da en la poesía clásica. Virgilio tiene más unidad interior que muchas *Odas* de Horacio porque la libertad métrica del hexámetro le daba más facilidades de dispersión. Es cierto también que la mera

(24) Para una crítica de Foster y la novedad que representaba su punto de vista léase Chevalley, «Temps, Historie, Roman». RLC, 8 (1928) 205-241.

libertad interior no es signo de unidad interior. Un poema como el *Ora Marítima* de Rufo Festo Avieno se escribe en el verso más libre latino, que es verso «senario» y sin embargo nadie dirá que es un poema bien construido. Lo único que queremos decir es que la posición del crítico se ve necesariamente orientada hacia el núcleo de la creación en obras de poca estructura exterior. En cambio en obras de cierta construcción externa puede creerse que hace crítica con sólo decir que se trata de una Octava Real o de un Soneto.

En la novela el problema es el mismo. La novela es una construcción de un relato y la novela es una forma de prosa. Las innovaciones en el arte del relato pueden darse en estos dos campos diferentes. Elijamos a Cervantes. *Los Trabajos de Persiles* no hacen más que continuar la técnica narrativa de los Libros de Caballería y de la novela Bizantina: sincopación de episodios unidos por los protagonistas, que se acercan y separan a lo largo de las páginas. Las innovaciones de *Persiles* son innovaciones verbales: el castellano más hermoso de Cervantes, aunque los comentaristas del Quijote no se lo crean.

El Quijote innova en la lengua. Nuestro castellano actual pende de él tanto como de *La Celestina*. Pero la innovación más permanente del Quijote es en la técnica narrativa. Casi todo lo que hoy la novela hace está de alguna manera en germen en el Quijote. Este aspecto se escapa a muchos cervantistas que han cerrado sus lecturas en el «libro maestro», y quizás escapa a muchos modernizantes que crean un poco ingenuo el volver al viejo libro para aprender algo. Pero es una verdad que casi no habría que poner en claro.

La distinción fundamental que existe entre la «novela» italiana −Boccacio (1313-1375), Bandello (1480-1561) etc.−, y el relato de Cervantes, o entre las *Novelas Ejemplares* y el *Quijote* está en un solo elemento. El relato humanista es la narración de un suceso *curioso, interesante, aleccionador* en cualquier sentido, que le ocurre a cualquier persona. Lo que interesa es el *suceso*. La maestría de la narración estriba en la rapidez de la prosa, en la gracia del relato. Con *Don Quijote* lo que interesa fundamentalmente es la *persona* que padece o realiza los sucesos. El mundo circundante vive en función suya. Casalduero en *Sentido y Forma del Quijote* (1949) analiza estupendamente la estructuración de esta «quijotización» del mundo circundante en la segunda parte de la obra de Cervantes. Como dice muy bien Erich Khaler, la genialidad del *Quijote* es que «la novela lleva en su historia individual más que una individual significación: representa, por medio de una historia individual, una condición general del ser humano (25).

De Cervantes parte la novela moderna, sin que ésto quiera decir que toda obra posterior no es de ningún valor comparada con el Quijote. Lo único que se quiere decir con ésto es que Cervantes está en el comienzo de un nuevo camino. El señaló la dirección y recorrió unos cuantos pasos de la nueva vía.

La novela desde Cervantes realizará dos grandes descubrimientos. Por un lado, insistiendo la novela en ser historia de una persona, llegará a la novela sicológica pura en la que el relato se reduce a la expresión del mundo interior y del mundo exterior sólo como aparece en el interior del protagonista. Por otro lado la novela, inclinándose hacia el mundo que circunda al protagonista, se convertirá en novela de todo un ambiente en el que el protagonista pierde su situación de privilegio. Esto se hace por medio de un entrecruzamiento de tramas, como en *Guerra y Paz* de Tolstoi (1828-1910) o por participación de un protagonista en sucesos generales como *Los Episodios Nacionales* de Galdós (1843-1920) o por narración de una historia de generaciones familiares como *Buddenbrooks* de Thomas Mann (1375-1955) o *The Forsyte Saga* de John Galsworty (1867-1933). También por la desaparición del protagonista para centrar el relato en el puro ambiente como en la trilogía de John R. Dos Passos (1895-) *U.S.A.*

Esta es en líneas generales la evolución del relato. Junto a ésto un enriquecimiento progresivo de la lengua para hacerla dúctil a toda expresión. Baste observar la torpeza verbal, los meandros expresivos de cualquier relato medieval y las fulguraciones de la palabra en Ramón Gómez de la

---

(25) E. Kahler, «The Transformation of Modern Fiction». CL, (1955) 122.

Serna (1888-) o el lento camino desde los *Canterbury Tales* de Chaucer hasta los *Finnegans Wake* (1939) de Joyce (1882-1941).

El estudio de la novela puede hacerse por tanto en estos dos planos diversos: en el plano de la forma de construir la narración y en el plano de la expresión por medio de la cual esa construcción se expresa.

El gran semantista Ullmann ha estudiado, por ejemplo, la *inversión gramatical* en Proust, Gide, Mauriac, Romains y Sartre (26). La inversión es la característica más clara de la prosa francesa. Con una mirada al conjunto de los procedimientos sintácticos, otro filólogo, Charles Bruneau en un breve libro caracterizaba el «estilo rítmico» de Gide, el «clasicismo» de Camus, etc. (27). Este tipo de estudios nos describen el estilo del autor, pero sin hacer referencia al núcleo individual de donde la creación verbal parte. Menos todavía llegan a determinar el estilo de la *construcción* de la novela. Sólo si se relacionan los modos verbales con el conjunto de la obra, el estudio estilístico descriptivo puede aclarar algo del misterio de la creación novelística individual. Malraux emplea la inversión gramatical. Malraux hace de ella un uso peculiar. Eso podrá definir el estilo de Malraux, pero explicará poco en qué consiste *L'Espoir* (1936-) como obra de arte.

Sin embargo los epígonos de los grandes creadores, los que utilizan formas literarias de su ambiente, sí pueden ser bien definidos por la variación verbal que elevan sobre la estructura interior creada por un buen maestro y que ellos adoptan. *La Regenta* (1884) de Clarín (1852-1901) por ejemplo, es una buena novela. Es una buena narración construida sobre una fórmula literaria que Clarín no inventa. El valor literario de Clarín no está en la invención de un modo de abordar el relato, sino en el uso honesto que hace de una forma narrativa común en su tiempo. Los relatos de Gómez de la Serna son muestra de una extraordinaria riqueza verbal. Por eso son extraordinarios, pero sólo por eso. La técnica de la narración después de Gómez de la

---

(26) S. Ullmann, «Inversión as Stylistic Device in the Contemporary French Novel» MLR, 47 (1952) 165-180.

(27) Bruneau, *La prose littéraire de Proust à Camus* (Oxford, Ingl. 1953).

Serna ha quedado en el sitio en que él la encontrara. No se puede decir lo mismo de Valle Inclán (1866-1939) y menos de Galdós.

La consideración de la forma interior, la estructura y ligazón de sus partes en la novela es algo más esencial que en género alguno. Este estudio «estructural» se ha olvidado un poco. La *Divina Comedia* no es un conjunto de escenas líricas, que todos conocen, entre música de tercetos monótonos, que casi nadie ha leído. La *Divina Comedia,* antes que unos cuantos preciosos adornos es una extraordinaria arquitectura. Es evidente que la arquitectura vale más que el adorno (28).

Analizando la construcción de la novela se ha llegado a catalogar una serie de aspectos del género, que por desgracia todavía no se encuentran asimilados en una unidad. El uso que se ha hecho de la novela como vehículo de exposición ideológica ha retrasado el estudio de la novela como forma literaria. Un escritor como Sartre establece como primer valor fundamental de la obra literaria su inmediata eficacia política. Se podrá aceptar o no esta idea de Sartre —el que ésto escribe duda mucho del valor de ella— pero ni siquiera el mismo Sartre aceptará ese principio crítico para juzgar literariamente su obra. Primeramente habrá que examinar esa obra y su eficacia y en segundo lugar el problema de su estructura y de su expresión. Pero sólo ese segundo aspecto es el que pertenece a una teoría «literaria» de la literatura. Igual se puede decir de la novela social. Se impone un estudio sociológico de la literatura, pero un estudio sociológico de una novela es sociología y no literatura. «Una novela —escribe Max Schorer— como un poema no es la vida, sino una imagen de la vida y el problema de la crítica es analizar primero la estructura de la imagen» (29).

La técnica, solamente, no define a una novela. No se puede decir que una novela sea mejor porque utiliza «relato objetivo» en lugar de un antiguo «relato sicológico».

---

(28) Estas ideas son las que pone en evidencia R. Ingarden, Das Literarische Kungstwerk. Eine Untersuchung aus dem Grenzgebiet der Ontologie, Logik and Literaturwissenchaft (Halle, 1931). Sobre todo págs. 186-210.

(29) Schorer, «Fiction and The «Analogical Mtrix», KR, 2 (1949) 539-560, pág. 539.

Pero una técnica encuadra la novela y da las coordenadas en que hay que juzgarla. La innovación técnica o la novedad de construcción no son suficientes elementos para juzgar favorable ni desfavorablemente una novela. La novedad, sin algún otro elemento, ni se justifica por sí mismo, ni se impone. El «monólogo interior» lo descubre Dujardin, pero se habría olvidado su descubrimiento si Joyce no lo hubiera llevado a su límite de perfección.

Lo que cuenta no es la novedad, sino la perfección estética de esa novedad.

El valor que tiene para la crítica insistir en la forma interior, en la construcción de la novela, es fijar su atención en la narración misma y no desde el punto de vista de sicologismos, sociologismos o ideologías. Esto es evidente para casi toda la crítica actual. La crítica literaria ha venido liberándose lentamente de presupuestos ajenos a su ciencia. Desde una crítica ética, sicológica, sociológica, hemos llegado a una crítica formal que es la única posibilidad de establecer la crítica literaria como ciencia independiente. Pero en la novela, por las conexiones que toda novela tiene con ideología, sicología, ambiente social, este estudio formal se hace mucho más difícil.

Estas páginas han planteado el lugar donde hay que situar el estudio de la novela. las páginas que siguen son un intento de describir algunas de las líneas más esenciales de la construcción novelesca.

CAPITULO II

EL PUNTO DE VISTA
EN LA NARRACION

El novelista norteamericano Henry James (1843-1916), en los prefacios a la edición newyorkina de sus obras, plantea el problema de establecer el «punto de vista», el «foco» desde donde observar la narración. Para cada una de sus novelas lo fue estudiando con cuidado. Para Henry James se trataba de sustituir la narración de los sucesos vistos por el novelista por la narración de los sucesos vistos desde la óptica de uno de los protagonistas de la novela. El novelista del relato clásico contempla a los personajes como una creación de su propia imaginación. Henry James por vez primera se da cuenta de una manera consciente que el autor debe colocarse fuera de la narración misma y narrar el mundo que circunda a los protagonistas desde la pupila del protagonista, no a través de su visión de autor. Esto lo llama Henry James «la intensidad del esfuerzo creativo para introducirse dentro de la piel de la criatura» (30).

La lejana observación de James es hoy un capítulo obligado en el estudio de la novela. La evolución de la novela moderna es la historia de la variación del punto de vista en la narración. Lo que caracteriza a *The golden Bowl* (1889) de James como novela moderna es que sustituye la narración de la vida del personaje central por su reflejo. Stant no aparece directamente. Sólo la conocemos a través de los distintos personajes: El Príncipe, Fanny Assingham, Maggie Verver, etcétera.

(30) Henry James: *The Art of the Novel: Critical Prefaces.* ed. de R. P. Blackmur (New York, 1934) págs. 37-38. En la edición de los prefacios que se encuentran en las obras completas de James de Scribner (New York, 1907-1917).

Al narrar la historia desde el punto de vista de uno de los personajes de la novela comienza la progresiva desaparición del autor. «La historia habla por sí misma; el autor no tiene por qué dar explicación de sus caracteres» (31) A ésto le han llamado los críticos la «desaparición del autor». En 1932 J. B. Beach en el libro que acabamos de citar lo decía claramente: «en una vista de pájaro de la novela inglesa desde Fielding hasta Ford, lo que llama más la atención más que otra cosa alguna es la desaparición del autor» (32). En 1948 C. E. Magny extendía estas ideas a la evolución general de la novela (33). En 1957 J. M. Castellet popularizaba en España estas ideas relacionando el cambio de técnica con la crisis de la sociedad burguesa (34).

Las dos corrientes más antagónicas —y a la vez coexistentes— de la novela actual parten de aquí. La novela psicológica, por un lado, establece el punto de vista *interior*. No existen para ella meramente hechos, sino personajes que ven los sucesos y la *óptica,* el *post of observation* de Henry James, parte del punto más íntimo y profundo de la persona. Lo que se narra pasa a ocupar un segundo plano para centrar el estilo en transmitir, por medio de la palabra, las impresiones subjetivas ante unos hechos exteriores. Se disgrega así la realidad objetiva en los diversos puntos de vista que sobre ella se obtienen. La consecuencia es la aparición de novelas de visión múltiple. En *The Sound and the Fury* (1929) de William Faulkner (1897) se nos narra un hecho a través del monólogo interior de un idiota, de otros dos diferentes personajes y, por último, el hecho mismo de narración objetiva.

Por otra parte, en la narración se establece con independencia de toda la consideración sicológica. Se establece el hecho mismo desnudo de consideraciones del autor o de proyecciones sicológicas de los personajes sobre el objeto narrado. Más adelante volveremos sobre el tema para ver cuál sea el sentido de esta objetividad.

Con estos dos procedimientos la novela moderna reali-

(31) Beach, *The Twentieth Century Novel* (New York, 1932) pág. 15.

(32) Beach, op. cit. pág. 14.

(33) C. E. Magny, *L'Age du Roman Americaine.* (París, 1948) págs. 220-235 principalmente.

(34) J. M. Castellet, *La Hora del Lector* (Barcelona, 1957).

za la disociación narrativa –que es independiente del problema epistemológico– entre objeto y sujeto. O existe la realidad en un sujeto que la ve, sin posible comprobación de su visión con la visión de otro de los personajes, o existen sólo objetos sin referencia a un sujeto cognoscente.

Quien realiza la unión de estos dos mundos es el lector. Tarea nada fácil. Por eso la novela moderna exige en el lector una capacidad activa de recreación. «Realmente –dice León Edel, hablando en nombre del novelista moderno– yo he preparado esta ilusión para tí. Pero eres tú quien debes experimentarla» (35). C.-E. Magny llamó a ésto con frase feliz, «la hora del lector». Toda obra de arte exige en quien la contempla algún modo de recreación personal de la obra artística. Gozar de un objeto artístico, «recrearse» en él, tiene algo de nueva creación del objeto. Pero la novela moderna exige esta postura activa de una forma necesaria y peculiar. La novela moderna sólo se completa en la mente del lector que unifica los elementos dispares del relato. De ahí la *necesidad* de un trabajo creativo en el lector de novela moderna.

Este fenómeno no es absolutamente nuevo, las «formas abiertas» del arte barroco exigen, para su comprensión total una persona que observe la escena. Por el hecho de ser necesaria su presencia el observador forma parte de la creación artística. Para comprender la estructura de *Las Meninas* de Velázquez hay que suponer un primer plano, la persona que contempla la escena, que es la que se refleja en el espejo del fondo del cuadro. En *Sic transit gloria* de Valdés Leal del Hospital de la Caridad de Sevilla, hay una gradación en la desaparición del hombre en poder de la muerte, el color negro profundo del fondo del cuadro, el polvo, los huesos, el cadáver. Pero la gradación exacta debe suponer un primer término con la persona viva, que no está en la pintura, pero que es cada uno de los que delante del cuadro contempla la escena (36).

---

(35) L. J. Edel, *The Psychological Novel* (1900-1950) (New York, 1955) pág. 35.

(36) Orozco Díaz, *Temas del Barroco* (Granada, 1947). Las ideas que apunto se encuentran en la segunda parte de este bello libro. No tengo el libro aquí para comprobar la cita, pero allí se encuentran las ideas, yo mismo las he escuchado además en las explicaciones del Dr. Orozco del que fui discípulo hace ya bastante años.

Difiere esta participación de la actual participación del lector en la novela en que la antigua participación es pasiva y espectadora. La actual es activa y personal. Sin el trabajo del lector la obra no se capta ni parcial, ni totalmente.

Por la importancia que ha tenido en la evolución de la historia de la novela el estudio del punto de vista quizás sea uno de los aspectos más interesantes para la crítica. Para algún crítico importante el cambio del punto de vista es «el procedimiento distintivo de la novela moderna» (37). y «un estudio fascinante para la crítica» (38). El punto de vista se convierte así, no en una mera técnica del relato, sino en la forma de introducir la realidad exterior dentro de la narración.

Intentaremos dar alguna idea de la riqueza de análisis de los diversos puntos de vista de la narración.

Norman Friedman ha estudiado largamente el punto de vista en la narración y sus consideraciones forman como un esquema para abordar el estudio de la técnica del relato (39). El crítico se hace unas cuantas preguntas que ha de contestar ante cada novela estudiada. ¿Quién habla? ¿Desde qué posición mira la historia que narra? ¿qué tipo de información usa el narrador para llevar la narración a los lectores? ¿A qué distancia coloca al lector de la historia que narra?

Con estas cuatro preguntas como esquema general distingue diversos modos de narración. 1. La *omniscencia editorial,* o como la llama W. C. Booth, el *narrador consciente de su papel* (40). El novelista del siglo XIX conoce la totalidad de la historia y es consciente de lo que transmite y de lo que calla. Escribe Valera (1824-1905) en *Pepita Jiménez* (1874): «Mucho queremos nosotros a Pepita; pero la verdad es antes que todo, y la hemos de decir, aunque perjudique a nuestra heroína. A las ocho le dijo Antoñona que don Luis iba a venir...» continúa el autor la narración de la entrevista.

---

(37) A. Tate: «The Post of Observations in Fiction». MQ, 2 (1944) págs. 61-65 y pág. 63.

(38) Bentley: *Some Observations on the Art of Narrative* (London, 1946) pág. 38.

(39) N. Friendman: «Point of View in Fiction». PMLA, 70 (1955. Pt. 2) 1160-1184. La cita es de la pág. 168-169.

(40) Wayne C. Boothe: «The Self Conscious Narrator in comic Fiction before Tristan Shandi». PMLA, 67 (1952), pág. 165.

Valera es el depositario total de la vida de Pepita Jiménez. Conoce de ella las acciones y las intenciones. Cuando comienza el diálogo de don Luis con Pepita después de la primera frase comenta el novelista: «los hombres, no ya novicios, sino hasta curtidos y experimentados en estos diálogos, suelen incurrir en tonterías al empezar. No se condene, pues, a don Luis porque empezase contestanto tonterías» (41). Como dice Friedman, en este tipo de narración «interviene el autor entre el lector y la historia» (42).

2. El *«yo» como testigo*. Es decir: la narración de un testigo presencial que habla al lector en primera persona y da a conocer los hechos. Es la técnica de muchos de los *Episodios Nacionales* de Galdós (1843-1920).

3. El *«yo» como protagonista*. Se trata de una evolución del procedimiento anterior. El relato se centra en un protagonista. Y el protagonista nos habla de sí mismo. En cierto sentido es una de las formas más objetivas del relato. Más objetiva por su punto de vista único.

4. La *manera dramática*. El relato presenta los diálogos de los personajes sin intervención del autor para explicarnos la sicología de los que hablan. Los caracteres se presentan por sí mismos. Compárese, una novela de Hemingway (1898) donde la sicología se transmite por el diálogo y las largas consideraciones de Pereda (1833-1906) para transmitirnos las motivaciones de la acción o la evolución interior de un protagonista.

5. La *cámara fotográfica*, con la que el novelista enfoca y capta la realidad con impersonalidad mecánica.

Estos cinco tipos no agotan la forma del relato, pero introducen ciertas categorías en la forma de abordarlo. La mayor crítica que puede hacérsele es que deja a un lado todas las posibles relaciones de estos elementos formales con los elementos significativos y que no apunta siquiera la conexión necesaria entre la estructura y la lengua.

Otro estudio interesante sobre el punto de vista es el que hace Pouillón en su libro *Temps et Roman* (1946). Mientras el crítico norteamericano cataloga «formas» de la narración, el crítico francés en un libro denso, desordena-

---

(41) Valera: *Pepita Jiménez. Obras Completas,* tomo IV. pág. 209 y 221.
(42) Friedman: art. cit. pág. 1.174.

do, sugerente, obscuro, insiste más en la implicación filosófica de los diversos modos narrativos.

El llama «visión con», al punto de vista único, al «escoger un solo personaje que sea el centro del relato» (43). En la «visión desde fuera», el novelista se separa de su creación para mirarla de manera objetiva. La visión «desde dentro» es la expresión de la conducta, del aspecto síquico del personaje» (44). Todas estas formas son las del relato clásico. Pouillón señala dos aspectos del relato moderno. La técnica de Dos Passos (1896) en su trilogía USA (1930-1936) con su modo especial de despersonificación del relato y la participación» del lector en el relato para poder comprenderlo (45).

Estamos hablando de grados de mayor objetividad narrativa y es necesario saber qué es lo que se entiende con esta palabra. Se hace necesario una aclaración porque a menudo −sobre todo desde que Sartre publicó una cierta introducción a la literatura, la palabra «objetivo» e «intervención del autor» son tomados en varios sentidos diferentes y hasta antagónicos.

Ciertos autores hablan desde un punto de vista filosófico y al decir relato objetivo se refieren a la adecuación del relato con la realidad narrativa. Objetivo sería igual que real y real igual o cercano a existente. La novela objetiva se opondría a la novela idealizada. Otros críticos hablan desde un punto de vista literario. Para estos objetividad y subjetividad quiere decir ausencia o presencia del narrador en la forma gramatical de la narración.

Esta distinción entre el punto de vista filosófico y el punto de vista literario formal con que hay que abordar la crítica da claridad y cataloga las diversas opiniones. Pero quizás estemos haciendo demasiado claro el problema con estas divisiones tajantes. Punto de vista filosófico y punto de vista literario se entrecruzan por el hecho mismo de confluir los dos análisis sobre un mismo objeto. Y a menudo por llegarse a una consecuencia igual partiendo desde dos vertientes diferentes. Tomemos un ejemplo concreto:

---

(43) Pouillón: *Temps et Roman.* (París, 1946) pág. 85.
(44) Pouillón: op. cit. pág. 102.
(45) Pouillón: op. cit. pág. 117.

la novela americana de la «generación perdida». Parte de la producción de esta generación se considera como novela «behaviorista». Se llama así porque alude toda referencia a la intimidad cuando llega a describir las motivaciones objetivas del comportamiento. Los personajes típicos de Hemingway no piensan. Sólo duermen, caminan, (pero muy poco) se emborrachan, hacen el amor. ¿Quiere decir esta adjetivo «behaviorista» que los novelistas aceptan se modo de filosofía? ¿Quiere decir que este «behaviorismo literario» es una forma influenciada directamente por el «behaviorismo filosófico? C. E. Magny así lo cree. Pero se da el hecho de que estos novelistas han partido casi todos del periodismo. El periodista aprende a escribir hechos dejando a un lado sus consideraciones personales. Esto es mucho más fuerte en el periodismo americano, hecho para una masa numerosa de lectores. Este estilo nunca pinta la pasión, sino los objetos que producen la pasión. Por este camino llegamos a la creación de un estilo, que no tiene nada que ver con antecedentes filosóficos behavioristas, pero que sería igual que otro estilo que se creara desde ese supuesto filosófico. Un behaviorismo filosófico y un no-behaviorismo filosófico pueden llegar a producir una misma forma de estilo, aunque los supuestos de donde partan sean bien diversos.

Con este ejemplo queda claro lo que queremos decir de la objetividad y participación del autor en el relato.

El autor siempre interviene en la narración. Toda la narración depende de él. La novela, como hemos dicho antes, no es la vida, sino la representación de ella. Si la manzana que se admira en un bodegón no fuera más interesante que la que se compra en una frutería, no nos serviría el bodegón para nada. Si el retrato de la vida no fuera más interesante que la vida misma –si no añadiera el libro algo a la vida misma– iríamos a pasear a la calle en lugar de encerrarnos en una biblioteca. El novelista *interviene* en todo relato, puesto que él lo organiza, lo construye, lo transmite.

Un novelista puede recoger la realidad e idealizarla por diversos caminos. Es la diferencia que existe, por ejemplo, entre la «novela pastoril» del Siglo de Oro y la «novela picaresca». No se puede llamar a la novela picaresca objetiva, puesto que sabemos que lleva la pintura de la realidad a un extremo, como la novela pastoril lo lleva hacia otro.

Cuando se habla de objetividad del relato, en la crítica moderna, se refiere la crítica al aspecto técnico de la forma del relato, no al criterio de verdad de lo representado. La crítica se mueve en el reino de las formas de contenido y no en los contenidos mismos. En la proposición «cuatro más cuatro es igual a doce», se enuncia una falsedad. Desde el punto de vista de lógica formal también se puede decir que es proposición va contra la forma lógica. Pero la frase desde el punto de vista gramatical es verdadera. Si estoy narrando la respuesta que me dio un alumno en clase y porque deduje que el alumno no sabía aritmética la frase es perfectamente válida. Pero si escribo «cuatro más cuatro es igual *de* doces», la frase es gramaticalmente falsa. La objetividad de la novela, desde el punto de vista de la crítica moderna, se refiere a la objetividad de la forma. Lo que distingue una forma objetiva de otra no objetiva es el hecho de que el narrador se use a sí mismo como sujeto, como héroe, que introduzca sus observaciones personales en el relato, o que queda fuera de él (46).

Es cierto que diversos puntos de vista pueden indicar diversas concepciones sobre la realidad y en ese sentido también es cierto que una «técnica novelesca hace referencia siempre a la metafísica del novelista» (47). Pero de ahí pasar a querer identificar una *forma filosófica concreta* con una *forma literaria concreta* es un poco peligroso. La historia de la literatura se venga siempre de esas generalizaciones.

En este falso punto de vista cayó hace años el estudio de la lengua. Todos sabemos que los franceses son distintos de los españoles y de los italianos. Todos sabemos que el demostrativo latino dio paso a formas diversas de artículos en francés, español, italiano. Pero establecer un rasgo concreto de carácter que haya sido la causa de la evolución del artículo en cada lengua es, si no imposible, al menos por hoy difícil de determinar. Hoy nos sonreímos cuando leemos las páginas que Vossler escribía pretendiendo explicar las

---

(46) Cfr. H. M. Weisman, «An investigation of Methods and Tecniques in the. Dramatization of Fiction», SMo, 19 (195)2 págs. 48-49.

(47) Sartre: *Situations I* (París, 1947) pág. 71.

evoluciones gramaticales por el espíritu de cada nación (48).

En la crítica literaria todavía se acepta la identificación sin titubear. Creo que en los últimos años hay que explicar este hecho a la influencia de dos ideas de Sartre sobre algunos críticos sin preparación filosófica. Llama la atención el que hombres que se mueven toda la vida entre obras de arte hechas de palabras no sepan casi nada de lo que es la palabra. De las dos ideas de Sartre, a que me refiero, si una de ellas es discutible, la otra no se puede aceptar.

Sartre en la *Présentation* de *Les Temps Modernes* y en el ensayo *Qu'est-ce que la littérature?* (49), analiza el «cansancio de la palabra» y las características de la «literatura burguesa». La primera afirmación de Sartre, aunque su forma de tratar el hecho lingüístico no pueda ser aceptado por ninguna ciencia de la lengua, es un hecho que alguien puede discutir, pero que para la mayoría pasa por evidente. Una historia de la literatura no es más que la historia de la evolución de las formas del lenguaje. La literatura evoluciona, no porque evolucione lo que con la palabra se dice, sino porque la forma del lenguaje varía. todo poeta pretende, por sus propios medios, construir un nuevo lenguaje, que sea viejo –para no perder la necesaria calidad de comunicación de todo lenguaje– y nuevo, para imponer una creación personal a la tradición corriente. Es cierto que «las palabras estaban enfermas» y que «era necesario curarlas».

Al lado de eso hay en Sartre dos afirmaciones a las que antes nos referíamos. Sartre hace un estudio de la literatura burguesa que él identifica con el «espíritu de análisis». Se duda mucho de que se pueda hablar de «burguesía» y no de «burguesías». La burguesía no es una doctrina, sino una forma de vida que toma variadísimas diferentes modulaciones. Pero sobre todo no llega uno nunca a saber por qué todo espíritu analítico tenga que ser burgués. Sartre nos lo afirma simplemente y lo prueba con unos cuantos ejemplos de burgueses que tenían espíritu de análisis.

---

(48) Cfr. Wartburg: *Problémes et Méthodes de la Lingüistique* (París, 1946) págs. 128-129.

(49) Los dos estudios están recogidos en *Situation II* (París, 1948) el primero, págs. 9-30; el segundo, págs. 57-330.

Sartre hace otra afirmación que es donde la crítica se encuentra más llena de dudas al considerarle. Sartre le pide a la literatura –para que merezca ese nombre– una eficacia inmediata en la tarea de cambiar la sociedad. Sartre acusa a la «literatura burguesa» de no haberse «comprometido» en el cambio de la sociedad. Le echa en cara y rechaza a Balzac como escritor porque no protestó de la represión que siguió a la Commune (50). Sartre puede aceptar o no a Balzac como hombre o como político. Lo que no puede es aceptarlo o rechazarlo desde un punto de vista literario basando sus razones en la eficacia o compromiso del arte de Balzac. Sartre cree que la literatura buena o mala se define cpor su eficacia en el presente. Pero no está dentro de su libertad –entendida en sentido no sartriano– el elevar un principio político a literario y negar el valor estético a cierta literatura, basando el juicio de valor literario en la eficacia social –en sentido sartriano– de los autores.

La objetividad de que habla Sartre se define por la eficacia política de la obra. Pero la objetividad de que habla la crítica formal se busca dentro de la obra misma y no desde puntos de vista ajenos a la creación literaria.

Expresamos las mismas ideas con un ejemplo. La *forma* autobiográfica no indica que se trata de una biografía de una persona realmente existente. *Werther* (1774) de Goethe (794-1832) no es una autobiografía del autor, ni *Lazarillo de Tormes* (1554) de quien fuera su autor. Pero en narraciones en tercera persona podemos encontrar elementos biográficos. Así *Moira* (1950) de Julien Green (1900) novela no autobiográfica en su forma contiene elementos de la biografía del autor como se puede comprobar comparando y consultando los volúmenes de su diario (51). Nadie puede honestamente identificar forma autobiográfica con autobiografía o relato objetivo con ausencia de experiencia personal del autor. Si toda *forma* autobiográfica fuese objetiva en sentido histórico habría que llegar a pensar, llevando las cosas a su extremo de humor, que Darío Fernández Flores, puesto que es un caballero, no pudo escribir su me-

---

(50) Sartre: op. cit. pág. 13.

(51) J. Green: *Journal, III,* 1940-1943 (París 1946); *Journal, IV,* 1943-1945 (París, 1949), principalmente.

diocre novela, *Lola, Espejo Obscuro*. O que W. Nabakov, puesto que escribe *Lolita,* una novela con más escándalo publicitario que otra cosa, no puede ser un respetable padre de familia.

Muchas de las categorías de la novela tienen su punto de partida en ciertos aspectos del punto de vista. La novela satírica o la novela de humor se apoya en el contraste que existe entre la visión de la realidad que tienen el lector y la visión de la vida que da el protagonista. Insistir sobre este aspecto del punto de vista narrativo esclarecería muchos de los elementos de cada estilo.

Junto a ésto hay que estudiar la forma gramatical de las diversas formas del punto de vista narrativo. Este aspecto del relato no tiene hoy día más que pocas monografías aisladas. Un libro tan interesante como el de González Muela, *El lenguaje poético de la Generación Guillén-Lorca* (1954) no tiene paralelo en el estudio de la prosa narrativa moderna. Un posible estudio de este tipo habría que comenzarlo por las formas verbales. La expresión del tiempo, el uso de las diversas formas de pasado, el empleo de los diversos modos de expresión del aspecto verbal, creo que es lo que presenta más punto de contacto con el punto de vista narrativo. Hay un estudio muy sugerente de Stephen Gilman, un profesor de literatura española de la Universidad de Harvard, sobre los usos verbales del poema del *Mio Cid*. Gilman, sin insistir en la idea, relaciona el uso de presentes y pasados con el punto de vista narrativo (52).

Otro aspecto parcial que plantea el estudio del punto de vista es el de los procedimientos concretos de estilo. Cuando Baroja escribe que las grúas en el Támesis de Londres «envueltas en la niebla parecían titanes reunidos en un conciliábulo fantástico», establece una comparación. El estudio aislado de esta comparación tiene que estudiar la forma cómo la introduce, qué realidad introduce. Si la introduce como comparación y no como metáfora o si escoge determinado sector de la naturaleza de donde sacar sus comparaciones, este análisis nos daría su mundo de preferencias imaginativas. se podría señalar también la forma di-

---

(52) S. Gilman: «Time and Tense in Spanish Epic Poetry», en *Explotation in Comunication.* Estudios editados por E. S. Carpenter. (Boston, 1960) págs. 24-35.

námica de la comparación de Baroja. No son «titanes», sino «titanes reunidos en un conciliábulo». Una estadística estilística nos daría la frecuencia –inexplicablemente escasa– de las comparaciones en Baroja. Pero vista la comparación desde el punto de vista narrativo la pregunta que hay que hacerse en esta, ¿quiere darnos Baroja su visión de novelista, válida para todo lector, o la visión de su protagonista cuando por vez primera entra el barco por el estuario?

Cuando Valle-Inclán escribe, en *Sonata de Otoño,* «vi en lontananza unas lomas yermas, tristes, veladas por la niebla», los adjetivos no son descripción de la estación, sino del ritmo del corazón del Marqués en ese atardecer de su vida.

Indico con esto una de las muchas posibilidades que abre el análisis la consideración del punto de vista narrativo. Y para el propio creador, una cierta posición crítica sobre sus posibilidades, le hace separarse de la masa de creaciones fáciles, de la crecida de novelas primerizas e instintivas, para repensar y perfilar la expresión que quiere darnos por la palabra. La perfección artística no es cosa de retoque. Ni el cuadro más relamido es el más perfecto. Pero para pintar lo que se quiere hay que saber previamente pintar. La primavera florece en un día, pero tarda seis meses en preparar su eclosión. Para producir arte vivo no basta con vivir al ritmo del tiempo. Hace falta que el instrumento participe de esa misma viveza. Una meditación consciente sobre las propias posibilidades nunca viene mal a ningún creador.

CAPITULO III

EL MONOLOGO INTERIOR

EL MONÓLOGO INTERIOR

La literatura clásica conoció una forma de manifestar la interioridad en el teatro o en la narración: el soliloquio (53). Este procedimiento literario fue el procedimiento exclusivo hasta la aparición de la escuela simbolista. En el soliloquio el personaje «se decía a sí mismo cosas» (54). Hablaba consigo mismo como si estuviera hablando con otro. En el teatro esto se llamaba monólogo: palabras que pronuncia un personaje en escena y a las que nadie respondía porque el auditorio estaba acostumbrado a suponer que eran la manifestación de la interioridad del actor, hecha al público, pero no a los que con él estaban en escena. Era una forma de introducir a los espectadores dentro de los motivos íntimos de los actores.

La sintaxis —en su amplio sentido— del soliloquio era la misma que la del diálogo. Sólo variaba el punto de referencia. En el soliloquio y monólogo se decían cosas a los demás, que se suponían que no debían ser normalmente conocidas. En lugar de usar dentro de la obra otra persona que recibiera las palabras, el discurso volvía sobre quien lo pronunciaba. Se desdoblaba en dos el que actuaba. El era

---

(53) Se prescinde aquí de la evolución de esta forma literaria dentro de la literatura clásica y su uso religioso. Al hablar para darse a conocer choca el hablante con la barrera de la falta de comprensión de los demás. Toda manifestación de la interioridad a otro es un intento nada más de llegar a un cierto grado de conocimiento. Sólo Dios conoce íntimamente el sentido de nuestras palabras puesto que conoce absolutamente nuestro ser. Desde San Agustín el Soliloquio cobra una nueva dimensión. De ahí su uso constante por los místicos.

(54) Gougenhein: «Du discours solitaire au monologue intérieur». FM, 15 (1947) 242-248. Pág. 242.

quien hablaba y quien escuchaba. Pero el esquema y la forma gramatical eran los mismos que en un diálogo.

Como una consecuencia del simbolismo, preparado por la libertad artística que el post-romanticismo trae a la literatura y con la colaboración de ideas musicales wagnerianas, aparece en literatura –primero en la novela, con menos fortuna en el teatro– una nueva forma de expresar la propia conciencia: el «monólogo interior». Un procedimiento que en líneas generales –más adelante precisaremos– utiliza la palabra para transmitir lo más directamente posible el rico cauce de la vida del pensamiento y de la afectividad. Con el monólogo interior no se describen ni cuentan cosas o impresiones de cosas, sino las cosas golpeando la conciencia y la conciencia proyectándose sobre ellas.

La historia literaria del monólogo interior es esta. Historia, en cierto modo, interesante y compleja.

En 1887 Edouard Dujardin (1861-1949) publica en la *Revue Indépendent* y luego en tirada aparte de cuatrocientos veinte ejemplares, que no se llegaron a vender, su novela *Les Lauriers sont coupés*. La novela la lee James Joyce (1882-1941). Según el mismo Joyce la novela de Dujardin influye en el estilo que habría de usar en su *Ulysses* (1922). Alrededor del año 30 el libro de Joyce levanta discusiones de críticos y seguidores. Valery Larbaud (1881-1957) lee la novela de Dujardin y la saca del olvido. Aparece la segunda edición (1925) de *Les Lauriers* con un prólogo de Valery Larbaud en que explica la técnica de este modo de relato. Recoge este prólogo en su libro *Tecnique* (1932).

Algunos todavía dudan de la influencia de Dujardin en Joyce. En las palabrs de Joyce no quieren oir más que una buena humorada para dar quehacer a los críticos. C. D. King demuestra (55) que aunque la altura literaria del monólogo en *Ulysses* sea superior al que usa Dujardin, el conocimiento de *Les Lauriers sont coupés* es un hecho demostrado y no un mito, ni una broma.

En 1931 explica Dujardin su invención en un libro pequeño de largo título, *Le Monologue intérieure. Son appari-*

---

(55) C. D. King: «E. D., inner monologue and the stream of conciousness», FS, 7 (1953) 116-127.

tion, ses critiques, sa place dans l'oeuvre de james Joyce et dans le roman contemporain (París, 1931).

Después de este libro los críticos comienzan a hacer retroceder las fronteras de la aparición del monólogo interior. Gougenhein lo hace remontar a Marivaux (56) (1688-1763). Otros a Dumas (57) (hijo) (1824-1895). Para Gleb Struve el invento es del crítico ruso Chernyshevsky (1828-1883), uno de los críticos literarios rusos precursores del realismo socialista. Chernyshevsky en 1856 definió ya ya claramente el «vnutrenning monolog», el «monólogo interior» (58). Pero Gleb Struve no llega a demostrar qué influencia pudo tener esta opinión perdida de un crítico olvidado en la marcha de la literatura francesa.

Gide habló en sus conferencias sobre Dostoiesvsky del monólogo interior como una invención de Poe, Browning y Dostoiesvky (59). Se cita también el *Leutnant Gustl* de Schnitzles (1862-1931) y Sartre habla de *Fräulein Else* del mismo autor (60). Dujardin llega a citar como un antecedente a Palacio Valdés (61) (1853-1938).

Sea lo que fuere de estos antecedentes lo cierto es que el uso exclusivo del procedimiento en un relato aparece por vez primera en Dujardin y que el mayor valor artístico del uso exclusivo del procedimiento está en el *Ulysses* de James Joyce. Cualquier cosa en literatura tiene un antecedente remoto. Los antecedentes del monólogo interior habrían quedado olvidados si Dujardin no hubiera hecho un uso exclusivo del método. Su novela –primer intento, sólo parcialmente conseguido– hubiera caído en la ignorancia de la posteridad si el genio de Joyce no hubiera escrito *Ulysses* y su espíritu honesto no hubiera confesado el impacto que la obra de Dujardin le produjo. Sin todos estos síes Dujardin ocuparía hoy un lugar modesto en los estudios de Historia de las Religiones, pero ningún lugar en la literatura.

(56) Gougenhen: art. cit.
(57) Schwarz: «The Interior Monologue in 1845». Min, 63 (1948) 409-415.
(58) Gleb Struve: «Monologue intérieur». PMLA, 69 (1954) 1.101-1.111.
(59) Gide: *Dostoievsky* (París, 1946), pág. 189.
(60) Sartre: *Situations II* (París, 1948), pág. 200.
(61) Dujardin: *Le Monologue interiéur. Son apparition...* (París, 1931) pág. 31.

La novedad del procedimiento aceleró la crítica. Y así Giraudoix con su deliciosa crítica escribía en 1923: «lo que intriga a París en estos momentos no era la muerte sino el monólogo interior» (62). Hoy día hay buenos estudios de conjunto sobre el monólogo interior y el procedimiento tiene buenos y malos imitadores. Monólogo interior hay en Faulkner (1897–), Virginia Woolf (1882-1941) en *For Whom the Bells Tolls* (1940) de Hemingway (1898) en Dos Passos (1896–) en *Berlin Alexanderplatz* (1929) de Doblin (1878–) por citar algunos buenos ejemplos. El procedimiento ha pasado a ser cosa común en literatura. Hoy se puede encontrar parodias humorísticas del monólogo interior, malas realizaciones, pobres intentos y algunas formas conseguidas. Para unos críticos el monólogo interior es una forma absolutamente pasada. Para otros, es algo vivo todavía. Unos lo atacan porque no creen en el valor literario del procedimiento. Otros lo atacan porque lo desconocen y no hacen nada por conocerlo. El «desprecia cuanto ignora» de Machado no es un pecado exclusivo de Castilla, sigue teniendo vigencia en otros sectores no exclusivamente viejos castellanos. Hay quienes juzgan el valor positivo o negativo de un relato no por el buen o mal uso del procedimiento, sino solamente por la ausencia o presencia del monólogo interior en la novela. Prescindiendo de estos apasionamientos, es decir, ignorándolos, lo mejor que se puede hacer es estudiarlo con cierto interés y con decidido amor a la claridad.

Antes de pasar a una definición hay que situar en qué plano puede ser estudiado el monólogo interior y algún punto discutido de sus orígenes.

El monólogo interior, ¿se diferencia por sus objetos o por su forma de expresión? ¿Existen diversos monólogos interiores según la diversidad de conciencias que se describen, o diversas variedades lingüísticas de expresar «la corriente interior»? Esto se lo pregunta Rober Humphrey en una nota breve, pero llena de ideas (63). Para Humphrey el «stream of conciousness» –es la terminología anglosajona–

---

(62) Giraudoux: *Juliette au pays des hommes.* (París, 1924) pág. 149.
(63) Robert Humphrey: «Stream of conciousness»: Technique or Genre?» PQ, 30 (1951) 434-437.

es una realidad sicológica. La diferencia de un monólogo a otro no está en las distintas realidades interiores, sino en las diversas formas de transmitir esta experiencia interior. Así «no hay una técnica del monólogo interior». Hay técnicas, bien diferentes en su naturaleza, que se emplean para presentar la corriente de la conciencia» (64).

La doble terminología de la crítica expresa la doble faz del problema. El término francés, *monologue intérieur,* enfatiza el aspecto de la técnica inglesa, *stream of conciousness,* pone más de relieve el hecho sicológico. Muchos críticos quieren ver en los dos nombres dos cosas absolutamente diferentes. Así Humphrey en el artículo antes citado y en su libro *Stream of Conciousness in the Modern Novel* (1954) (65). La misma pregunta, pero menos concreta se hacía unos años antes Lawrence Bowling (66). Para Friedman, que recoge la opinión de Humphrey, el problema se plantea de forma diversa. Se trata de una distinción de genero, más que un aspecto de técnica: «No hay técnica de *stream of conciousness:* [...] *Stream of conciousness* designa un *tipo* de novela del mismo modo que *oda* o *soneto* un tipo de poema. La oda y soneto usan ciertas técnicas que distinguen una de otra, pero cada una están en una categoría genérica. Una distinción semejante puede hacerse entre novela narrativa y novela de «monólogo interior» (67).

Personalmente me parece más exacto referirse a una técnica que a un tipo, ya que el monólogo interior, aunque haya sido una conquista de la novela, puede ser aplicado a otros géneros. Dentro de la novela el procedimiento puede ser utilizado parcial o absolutamente. Es posible por tanto encontrar novela de monólogo interior y monólogo interior dentro de novelas que sigan un usual procedimiento narrativo.

El término «stream of conciousness» es de William James (1842-1910). Cuando William James vuelve de Europa a América venía fecundado por dos corrientes de pensa-

(64) Robert Humphrey: art. cit. pág. 437.

(65) Robert Humphrey: *Stream of Conciousness.* (Berkley, 1954) págs. 23-61.

(66) Lawrence Bowling: «What is the stream of conciousness» PMLA, 65 (1950) 333-345.

(67) Melvin Friedman: *Stream of Conciousness: a Study in Lietterary Method.* (Yale, New Haven, 1955) págs. 3-4.

miento: El neokantismo de Renouvier y la ciencia natural de Darwin, Charcot y Helmhotz. Su intento fue aplicar y traducir el *a priori* kantiano en términos de una acción útil y eficaz. Es el William James de los *Principios de Psicología*, anterior al James de los estudios religiosos. Su intento fue construir una «ciencia natural de la sicología». Pero ciencia natural para el siglo XIX era la descripción de fenómenos y no descubrimiento de casualidades. Una «ciencia natural» sólo debía interesarse por la *función*, no por el *ser*. Cuando William James llega al estudio de la conciencia y describe su función se encuentra con la dificultad de definir el ser de la conciencia en términos pragmatistas. William James describe la conciencia como una corriente. La conciencia es algo continuo, de partes relacionadas de alguna manera que actúan como un todo. El texto central de James es el siguiente: «La conciencia no se nos manifiesta cortada en trozos. Palabras como «cadena» o «tren» no nos la describen justamente tal como se presenta en su inmediata instancia. La conciencia no es nada agregado: la conciencia se desliza. Un «río» o «una corriente» son las metáforas por las que se la describe con más naturalidad. Hablando de ella vamos a nombrarla corriente de pensamiento (stream of thought) de conciencia (of conciousness), o vida subjetiva» (68).

Para llegar a un análisis más profundo de ella William James tenía que inclinarse a una introspección que contradecía su empirismo radical. En 1904 William James hacía el recuento de sus opiniones en un ensayo de sinceridad intelectual. «Por veinte años —escribía— he desconfiado de considerar la conciencia como una entidad. En los últimos siete u ocho años he sugerido su no-existencia» (69). Entonces pasaba a la negación de la conciencia como entidad y a la afirmación de la conciencia como función. James no se daba cuenta que una función está desprovista en sí misma de significado.

Santayana tiene que afirmar que la corriente de la conciencia, que él llama *flujo* (flux) se presenta organizada en unidades concretas (70).

---

(68) William James: *The Principales of Psychology*, I (New York, 1890) pág. 239.

(69) william James: *Essay in Radical Empiricism* (New York, 1905) pág. 42.

(70) Santayana: *Reason in Common Sense* (Oxford, Mass. 1900) pág. 76.

En realidad a la literatura no le interesó las dificultades teóricas de la posición de James. Descubrió en sus palabras una mina de sugerencias. Ya que la novela no trataba de definir, sino de describir las palabras de William James no le venían mal como programa.

Se disputa el origen de la terminología francesa. El «monologue intériur», como término lo popularizó el libro explicativo de Dujardin. Pero Dujardin en su folleto atribuye la invención a Valery Larbaud: «La invención de la expresión, en el sentido que hoy día le damos, parece que se debe a Valery Larbaud» (71). Valery Larbaud, sin embargo, le daba la paternidad a Paul Bourget (1852-1935) (72):

La definición del monólogo interior hay que hacerla no en el plano filosófico sino en el literario. Es decir: no se trata de saber qué es el río de la conciencia, sino qué es lo que los autores entienden por ese río cuando escriben un literario monólogo interior.

En literatura es un modo de presentar la interioridad en su aparente desorganización interior antes de hacerse expresión directamente comunicativa. Su desorden es evidentemente ficticio, ya que todo lenguaje, agrupa el flujo interior en palabras, es ya una forma de organizarlo, aunque las palabras no se organicen entre sí en forma de comunicación lineal.

En el monólogo interior, «la realidad que se muestra sin intermedio al lector —escribe Sartre— no es ya la cosa misma, árbol o cenicero, sino la conciencia que ve la cosa; lo «real» no es más que una representación pero la representación se convierte en una realidad absoluta puesto que la entrega como dato inmediato» (73). Sartre, al analizar así el monólogo, señala cómo la impresión subjetiva se objetiviza literariamente.

Dujardin dice que el monólogo interior «en cuanto a su *materia* es una expresión del pensamiento más íntimo, el más cercano al inconsciente. En cuanto a su *espíritu* —no se ve claro lo que Dujardin entiende por «su espíritu»— es un discurso anterior a toda consideración lógica que reprodu-

---

(71) Dujardin: *Le monoloque...* pág. 23.
(72) Valery Larbaud: *Technique* (París, 1932) pág. 23.
(73) Sartre: *Situations II* (París, 1948) pág. 236.

ce el pensamiento en su estado naciente y tal como viene. En cuanto a su *forma* se realiza en frases directas, reducidas a una sintaxis mínima» (74).

En cualquier definición que se dé del monólogo hay que insistir en la separación del plano filosófico del plano literario. Por un lado está el problema filosófico de conciencia y subconciencia y su posibilidad de transmisión por la palabra. Por otro lado está la creación por medio de palabras de algo que de alguna manera se asemeje a la expresión inmediata de una conciencia o subconciencia concreta. El monólogo interior es un problema interesante para la filosofía. La discusión de este problema no toca al valor literario del procedimiento. Se piensa que sin las teorías sicológicas de James y de Bergson y sin el subconsciente freudiano no se habría llegado a la técnica del monólogo interior. Es difícil aceptar o negar esa afirmación porque no se puede prescindir artificialmente de la obra de James y de Freud y pensar lo que habría sido el pensamiento en este siglo si ellos no hubieran existido.

Pero a la vez, si estudiamos a Dujardin, su procedimiento entronca con las doctrinas lingüística de Mallarmé (1842-1898) y Rimbaud (1851-1891) más que con doctrina filosófica alguna. Quizás el impacto filosófico fue más fuerte en Joyce, pero no es posible demostrarlo con exactitud. En Joyce el intento lingüístico es superior al filosófico. En cualquier caso lo que el filósofo tiene que decir del monólogo interior es distinto de lo que atañe al novelista o al crítico. Para el sicólogo se trata de un *hecho general* que analizar. Para el novelista se trata de un hecho concreto, el monólogo de un personaje en una situación dada –que él tiene que reproducir por medio de la palabra y que sin perder la palabra su valor de comunicación– si no, no sería lenguaje y por medio de ella tiene que trasmitir algo que de por sí no está destinado a salir al exterior como es el río de la conciencia. Este es el problema auténticamente literario del monólogo. No se trata nada más que de un caso concreto de lo que se podía enunciar como eficacia y posibilidad de la palabra.

(74) Dujardin: *Le monologue...* pág. 59.

Friedman, que es el autor que más extensamente ha tratado el monólogo interior, insiste sobre la influencia filosófica. Para él, si el origen de la terminología anglosajona viene de James, la influencia filosófica se debe a Bergson y a Freud sobre todo.

Personalmente me inclino a considerar el origen del monólogo interior más relacionado con teorías poéticas que filosóficas. El monólogo interior en una novela no es una página de sicología experimental. El novelista ha retocado, estudiado, elaborado asociaciones para que el monólogo –absurdo a primera vista– nos dé un retrato exacto del interior del personaje y de su mundo.

Nada más lejos del monólogo interior que la «escritura automática» del surrealismo, aunque los dos partan de fundamentos lingüísticos idénticos. El lenguaje de por sí no es impresionista, como ha demostrado Amado Alonso (75), pero existe un uso impresionista del lenguaje. Ciertos autores se inclinan a expresar por medio del lenguaje la subjetividad de la forma más inmediata posible. Las palabras, como hemos dicho en el capítulo anterior, no son símbolos de cosas, sino de conceptos. En las consideraciones de Sartre y seguidores siempre hay latente un viejo (y nuevo) nominalismo. Expresar un río de conciencia en palabras es ya de alguna manera encauzarlo. La lucha entre aceptación y creación en la palabra determina la variación sintáctica y semántica que siempre aparece en cualquier artista. Pero el más innovador de ellos, el lenguaje, a pesar de las innovaciones, sigue siendo lenguaje, es decir: comunicación.

El monólogo interior es de tipo diverso en cada uno de los autores que lo emplean. Más simbolista en Dujardin; con más motivación sensual en Larbaud; más complejo o variado, llevado a su extremo de perfección expresiva en Joyce; con más hondura de subconsciente en Faulkner. Junto a estas caracterizaciones hay otras de tipo puramente formal. Dujardin está más cercano al lenguaje y procedimientos de la poesía simbolista: oración nominal, sustantivación de cualidades en lugar de uso de adjetivos o epítetos (el azul de sus ojos en lugar de sus ojos azules, por ejemplo).

---

(75) Amado Alonso: *Estudios Lingüísticos. Temas Españoles.* (Madrid 1951) págs. 331-346.

El poder evocativo del sustantivo aislado, uso constante de la coordinación en lugar de la subordinación. En Joyce es el ritmo alucinante de incisos, referencias, juegos verbales, frases rotas, parodias (la célebre descripción de la lata de sardinas en un inglés perfectamente medieval y solemne), lo que nos introduce en la interioridad del personaje. En Faulkner lo más peculiar es el simbolismo de los objetos que asocia y el mundo metafórico.

Junto a estos autores existen formas menos puras de monólogo interior. El de Virginia Woolf es más una forma de memoria interior que puro monólogo, en su sentido técnico. Hemingway y Dos Passos, por ejemplo, sobre todo en la trilogía *U.S.A.*, el monólogo interior es casi una forma de poesía en la que la forma subjetiva explica lo que en el «ojo de la cámara» ha sido pura objetividad y en las biografías intercaladas en el relato el punto de vista irónico y contrapunto de la narración (76).

Nótese finalmente que la tendencia del monólogo interior es la transición más clara hacia el «relato objetivo» del grupo de Robbe-Grillet, así como el lenguaje de la poesía impresionista es su antecedente más directo. Entre ambas tendencias corre la literatura del relato en monólogo interior, en su época más clásica.

Eugen Lerch ya señaló en 1929 la desaparición del autor en Flaubert al sustituir en la narración el punto de vista del novelista por el punto de vista de sus personajes (77). De darnos la impresión de la realidad tal como la ven los personajes a darnos los objetos que causan esa impresión no hay más que una generación literaria (78). Es interesante hacerlo notar porque creo que es más útil para la literatura y más exacto establecer la evolución literaria sobre su dialéctica interna, que recurrir —como Sartre en *Situations* y sus seguidores— a una dialéctica de la sociedad que determina cada uno de los cambios literarios. Se da un cambio en la sociedad y existe una dialéctica de ese cambio. Hay un

---

(76) Cfr. John W. Aldridge: *After the lost Generation* (2.ª ed. New York, 1958) págs. 73-78.

(77) Eugen Lerch: *Franzosischen Sprache und franzosischen Wesensart*. En *Handbuch der Frankreichskunde* (Francfort, 1929), pág. 10.

(78) Cfr. Para el análisis de estas ideas, Bally, Richter, Alonso, Lida, *El impresionismo en el lenguaje*. 3. ed. (Buenos Aires, 1956), págs. 140-141 principalmente.

cambio en la literatura y existe una dialéctica del cambio literario. Hay líneas de interferencia y mutuos influjos. Los dos significan de modo diverso un mismo momento histórico.

Pero es difícil desde la dialéctica de uno de ellos determinar la peculiaridad del cambio del otro. Más útil para la claridad del pensamiento y de la ciencia de la literatura es contentarse por hoy en situar unas humildes fronteras entre los dos campos.

CAPITULO IV

TIEMPO Y NARRACION

La definición más simple de novela es la que nos dice que es la «narración de un suceso». *Suceso,* algo que se da en el tiempo, puesto que el puro instante no es histórico. No entramos en discutir si el puro instante es posible pero el más pequeño átomo de tiempo sólo tiene sentido si se le mira unido a la serie de momentos que la preceden o le continúan. *Narración,* algo que esencialmente es temporal por serlo la palabra con la que la narración se edifica. La conciencia de la historia es algo esencialmente moderno y el novelista, por ser hombre de su tiempo, es consciente de los problemas que el tiempo y su expresión plantean a su arte. La novela moderna ha considerado atentamente la expresión de la temporalidad en el relato. Wyndham Lewis (79) ha llamado en bloque a la novelística moderna «the time-school of modern fiction». A cualquier lector, fuera de preocupaciones críticas, le llama la atención en el relato moderno los intentos para romper con la tradicional marcha lineal del suceso. El relato clásico expresaba pobremente el tiempo. En el relato clásico —desde Homero hasta la última épica culta del barroco; desde los cuentos medievales hasta la novela romántica— se veía a los hombres vivir primero y luego morir. Se asistía al nacimiento y luego a la vejez de los héroes. Pero nunca se lograba captar el progresivo envejecimiento de la persona. Los héroes clásicos viven en un «presente local y temporal que es absoluto» (80).

(79) W. Lewis: *Time and Western Man* (Harcour and Brace. New York, 1928) pág. 36.
(80) Una suposición ya clásica que posiblemente parte del libro de Erich Auerbach, *Mimesis,* trad. inglesa de R. Trask, (Princ. 1953) pág. 7.

55

En *Don Quijote,* por ejemplo, la vejez cambia el nombre del héroe. Vemos a Don Quijote y luego morir a Quijano el Bueno, pero la línea sutil, la lenta madurez de un nombre a otro se pierde, está ausente en la marcha de la narración. Y hemos escogido una figura de una época que expresaba el misterio del tiempo claramente en la poesía. No se diga nada de los héroes griegos o romanos. Los héroes de Homero mueren siempre en la mejor juventud, que es una forma de preludiar su inmortalidad. La inmortalidad era la única característica, no humana, de los dioses homéricos.

Paralelamente a esta forma de consideración de la existencia de los seres literarios corre la forma de expresar el tiempo en la narración. El relato tradicional introducía el único artificio de romper la serie lógica de los sucesos, comenzar *in medias res,* para luego volver a los comienzos temporales de la acción. La *Eneida* comienza en la tempestad para volver luego a contarnos cómo fue la caída de Troya de la que Eneas escapa y se fatiga en una dura navegación mediterránea. Se trata de un puro artificio externo. El relato siempre conserva su marcha lineal. Se considera el tiempo en esos clásicos relatos como «una suerte de espacio más o menos plástico donde se puede ir y venir, instalarse y durar» (81).

La novela moderna descubre por vez primera las dificultades que plantea la expresión de la temporalidad humana. Al intentar transmitir por el lenguaje las sensaciones complejas del tiempo tiene que llegar a esas técnicas variadas y difíciles de «simultaneidad», «tiempo sin reloj», «duración sicológica», «destrucción del tiempo lineal en el relato».

Quizás se haya exagerado modernamente el estudio del tiempo en la novela. Creo que es Roy Campbell quien dice que el arte moderno refleja por el tiempo una obsesión tan ridícula como la de los novelistas victorianos por la moralidad. Obsesión necesaria, por otra parte, al querer ser la novela moderna una dilucidación del ser del hombre. Escribía Rilke:

(81) Onimus: «L'Expression du temps dans le roman». RLC, XXVIII (1954) 2.299-317, pág. 300.

*«Dein allererstes Wort war: Licht
da ward die Zeit...»*

«La primera palabra fue luz, entonces nació el tiempo».
En el tiempo el ser del hombre, el único que percibe el
lento paso de la luz y el cambio por su ser. «Ya nuestra vida
es tiempo», escribía Antonio Machado, y la vida del hombre en la novela lo es doblemente: por ser el tiempo de una
vida y por ser temporal la palabra en la que la novela se
construye. Con la novela sicológica el tiempo es parte
esencial del relato. No es exagerado el estudio del tiempo
en el relato contemporáneo. Al darle un giro copernicano a
la novela el tiempo se convierte en el problema esencial
del relato y su expresión la preocupación central del novelista.

Tres tipos fundamentales de estudio sobre el tiempo en
la novela se pueden considerar. El primero de ellos casi no
pertenece al estudio literario y sólo como una ayuda o primer paso para estudios más formales puede ser utilizado.
Me refiero a estudios sicológicos o metafísicos sobre la expresión del tiempo utilizando para ello fuentes literarias. El
texto literario ayuda a descubrir elementos que el filósofo
podría olvidar y las consideraciones filosóficas sobre lo que
la literatura expresa dan al lecho literario toda su profundidad, pero no se puede con rigor afirmar que se trata de estudios
literarios porque en ellos la forma no es más que un pretexto. Así, por ejemplo, los libros interesantísimos de M. G.
Poulet (82). En *Etudes sur le Temps Humain* (1950) y en *La
Distance intérieure* (1952) nos introduce en lo que ha sido el
tiempo en la obra de Montaigne, Pascal, Moliére... etc. hasta
Gautier, Flaubert, Baudelaire, Valéry y Proust. Los estudios
de Poulet son unos extraordinarios ensayos sobre el sentido
de la temporalidad en el hombre moderno. El hombre
moderno para el autor aparece en el Renacimiento. Pero si
el autor no hubiera partido de esta idea admitida y hubiera
comenzado mucho más atrás su estudio se hubiera dado
cuenta que ese peculiar sentido de la temporalidad ni comienza con el renacimiento, ni las raíces de ese peculiar
sentido temporal hay que buscarlas en el mundo clásico. El

---

(82) M. G. Poulet: *Etudes sur le Temps Humain,* (Plon, París, 1950). *La
Distance Intérieure* (Plon, Prís, 1952).

sentido temporal, la percepción de la historia, es un fenómeno que pertenece a la cultura judeo-cristiana (83). Ese sentido se sobrepone en el renacimiento al estudio de los clásicos y hace que leamos a Horacio con otro sentido y significación que el que originalmente tenía. Quien escribió en Europa por vez primera «Veritas, filia temporis», sacando de la mitología griega una sentencia de vida, no fue Montaigne sino Bernardo de Conches.

Esto no es una crítica al valor de los libros de Poulet. Es colocarlos en su sitio. A la literatura como ciencia no le interesa lo que se dice de la temporalidad en las obras literarias, sino cómo es la expresión y forma de esa temporalidad.

Más sintético, pero menos literario es el libro de Lewis, *Time and Western Man* (1928) (84). Aunque sea más general y no se refiera exclusivamente a la literatura es muy interesante el libro de Camón Aznar, *El tiempo en el Arte* (1958) (85). Como todo lo que Camón Aznar escribe, su libro está lleno de sugerencias, de ideas nuevas, que el lector recibe o discute a través de una prosa llena de esdrújulos.

El segundo tipo de estudios responden a esta posible pregunta: ¿cómo existe el tiempo en la novela? El problema no es sencillo y habría que hacer algunas consideraciones para darse cuenta de la dificultad.

El tiempo es algo exterior a cada personaje. Pero los personajes maduran en el tiempo. Las novelas de serie –libros de caballería, novelas policíacas de un único protagonista para toda una serie de ellas no tienen el elemento humano de la muerte inscrito en las venas del protagonista. El mejor protagonista, de la mejor serie de novela de ese tipo, tiene ese fundamental engaño en su carácter. El autor le ha concedido una temporaria inmortalidad que lo aisla de los demás personajes que a su lado mueren.

Los personajes maduran en el tiempo. Pero ese tiempo puede ser la medida de su interior evolución o la medida de los sucesos que al lado de ellos también evolucionan o

---

(83) L. Esrith: *Meaning in History*. Chicago Univ. Press. (Chicago, 1949).

(84) Con todo es un libro de sugerencias interesantes. Cfr. nota 1 para la referencia exacta.

(85) Camón Aznar: *El tiempo en el arte* (Madrid, 1958).

cambian. El novelista puede escribir el tiempo de sus personajes o a sus personajes caminando en un tiempo histórico dado. Para Balzac o para Galdós los personajes no evolucionan abstractamente, «están siempre zambullidos en la vida social y colectiva» (86).

Al lado de esa interior evolución del personaje el novelista escribe la evolución de la historia. Entre novela histórica y novela realista no hay más que una inclinación mayor hacia uno de los puntos polares narrativos. La novela histórica −la buena novela histórica− sustantiva el ambiente. Para ella lo esencial es sucesión histórica general que recrea desde el punto de visión de un protagonista o donde se mueve un protagonista dado. Para la novela realista −valga la vaguedad− lo substantivo es la trama individual y esa trama es el reflejo directo de un general ambiente. Estas dos fórmulas extremas presentan riquísimas variedades. Sobre todo en las narraciones geniales esta sistematización que hacemos no es más que una forma de aproximación. En *Guerra y Paz* de Tolstoi, el tiempo interior de Natacha y Pedro y la guerra napoleónica se entrelazan magistralmente para lograr un ejemplo de síntesis de historia, realismo y sicología.

Este tiempo exterior, la evolución del tiempo en el que el personaje madura, toma diversas formas de expresión distintas. En *Guerra y Paz* se trata de un hecho histórico que se recrea dentro de la trama de la novela. En Galdós son «episodios de la historia de España», que van marcando los avatares del relato. En la novela histórica romántica se trata de una forma de evasión creando su ambiente lejano, distante, idealizado. En todos estos tipos de relato el tiempo exterior, los sucesos, se narran en una forma objetiva y lineal. La primera innovación en la forma de narrar esos hechos la realizó sistemáticamente el novelista americano Dos Passos. Su trilogía *USA* es la narración de la vida norteamericana en los años que fueron desde el final de la primera guerra europea hasta la depresión norteamericana de los años veinte. Esa epopeya la describe reflejada en tres espejos diferentes, que se complementan. En la parte narrativa

---

(86) Amado Alonso: «Lo Español, lo Universal en la obra de Galdós». *Materia y Forma en Poesía* (Gredos, Madrid, 1955) pág. 231.

diversos personajes corren paralelamente casi sin interferirse. La historia de la época se recoge por medio de pequeñas biografías de hombres célebres del momento.

Al lado de esas biografías corren las páginas del «Noticiario». Con la misma técnica con que el «Noticiario» cinematográfico yuxtapone escenas características del momento, Dos Passos recorta titulares de periódicos, slogans de anuncios, frases de las canciones de moda. Sirve de balanza a este aspecto objetivo el «ojo de la cámara», es decir: el punto de vista del novelista expresa la misma realidad que los slogans y los titulares pero ahora con imaginería surrealista, con frases entrecortadas. «La meditación lírica del ojo de la cámara —escribe John W. Aldrige— refunde en términos poéticos la negación expresada en la parte narrativa y sirve como de centro moral del libro» (87).

El procedimiento ha sido imitado sin lograr nunca la intensidad y el efecto que tiene en Dos Passos. Steinbeck, por ejemplo, en su novela social *Las Cepas de la Ira*, introduce capítulos de contenido lírico y evocativo que son la tesis de su sermón sociológico y dan el sentido a la narración. Procedimiento falso también por su afán explicativo y esclarecedor. El mensaje sociológico de la novela —si es que tiene que tenerlo— debe ir dentro de la misma marcha narrativa y no en elementos ajenos a ella.

Bruce Marshall —es otro ejemplo— reduce la técnica de Dos Passos a divertido humorismo al repetir decisiones inocuas de los políticos junto a los grandes acontecimientos de la historia de los últimos años. Así presenta la historia francesa de los años anteriores de la guerra con un sentido de ironía que difícilmente lograría por caminos más directos.

Si se prescinde en el relato de los hechos concretos de la historia, queda para el novelista la temporalidad reducida a la desnuda vida del personaje. Mostrar la marcha del tiempo dentro del relato, no es sencillo. El novelista fácil recurre a las fórmulas: «Pasaron los años...». «Esto fue dos días después...», «cuando x se encontraba... e iba camino de...». Este procedimiento, si es el único que se emplea para mar-

---

(87) J. W. Aldridge: *After the lost Generation*, 2 ed. (New York, 1958) pág. 72.

car el paso del tiempo en la novela, es una muestra de la pobreza estilística de quien escribe. Es paralelo al procedimiento de las malas películas que sustituyen el ritmo interior de la secuencia cinematográfica por procedimientos fácilmente visualizados: las hojas del almanaque que se separan, el mismo paisaje visto en sus cuatro abstractas y estereotipadas estaciones. En el *Jouranl d'un curé de campagne* de Bernanos se van marcando los días en el diario del sacerdote. Pero el paso del tiempo no viene dado por las fechas, sino por la transformación interior que va sufriendo. Daría lo mismo separar los días que no separarlos. El tiempo auténtico de la novela es tiempo interior del hombre, la marcha del tiempo a través de su interior y aquí está la mayor dificultad para el novelista y el punto en que un buen relato se separa de fáciles ejercicios de estilo sin construcción interior.

Cuando hablamos de tiempo nos referimos en nuestra conversación de cada día a horas y a años. Estas son unidades espaciales del tiempo físico. Al estudiar la temporalidad interior no se trata, sin embargo, de tiempo físico, sino de tiempo sicológico. No hay que confundir –dice Sartre hablando de Faulkner– «temporalidad con cronología» (88). El tiempo físico está formado de unidades objetivas mensurables. Pero ese tiempo es convencional. La «cronología» es la temporalidad de uso común. Pero precisamente deja de ser unidad común cuando interviene el hecho sicológico. Virginia Woolf, obsesionada por el misterio del tiempo, ha expresado bien lo que éste significa en el relato: «Tiempo, infortunadamente, aunque haya animales y vegetales, que crecen y marchitan con asombrosa puntualidad, no tiene efectos tan simples sobre la mente del hombre. La inteligencia del hombre, sin embargo, no trabaja con singularidad igual sobre el bloque del tiempo. Una hora, cuando se asienta en el extraño elemento de la mente humana, se alarga cincuenta o diez veces la extensión del reloj. Por otro lado una hora puede ser representada en la percepción temporal de la mente por un segundo. Esta discrepancia extraordinaria entre el tiempo del reloj y el del

---

(88) Sartre: *Situations I* (Gallimard, París, 1947) pág. 71.

pensamiento es menos conocido de lo que debiera y requiere más investigación» (89).

El tiempo sicológico es diverso en cada hombre, aunque se les considere dentro de una misma cronología. El tiempo sicológico es diverso en diversos momentos de cada hombre. No es igual para mí la hora que me separa de un suceso que espero, que la hora perdida en un torrente de actividad cotidiana. Decimos: «qué larga se me ha hecho esta semana»; «este año se pasó volando»... En un mismo tiempo cronológico se inscriben tiempos sicológicos diversos. Una misma hora tiene significado y amplitud diversa para dos personas que la viven juntamente. La expresión literaria de esos dos momentos tiene que ser diversa aunque los dos tengan la misma amplitud cronológica. «El reloj —escribe Edel— mide las horas con continua regularidad, pero la conciencia, a veces, hace que una hora parezca un día o un día una hora» (90). Siguiendo a Bergson se ha distinguido entre «tiempo y duración» (91).

La novela se desarrolla en el tiempo. Es por ser la novela una parte de la literatura que expresa la belleza por medios temporales. Pero en un mismo tiempo coexisten para el novelista diversos hechos separados por el espacio geográfico. El novelista ha de construir la coexistencia de esos hechos y sin embargo ha de emplear un medio temporal y sucesivo para expresarlos, el lenguaje. En muchas narraciones se parte de un personaje, se avanza con él por el tiempo y luego se vuelve al mismo momento inicial para volver a construirlo a través de otro personaje. Estas idas y venidas del relato, tienen que conjugarse con una idea bien clara, expresada de algún modo en el relato, de que aquéllos sucesos diversos, sin embargo, coexistían.

Por eso la novela moderna, obligada por la expresión del tiempo, inicia la narración múltiple acerca de un mismo hecho. La reconstrucción de un hecho objetivo resuelto en el tiempo sicológico diverso de cada uno de los que partici-

(89) V. Woolf: *Orlando* (New York, 1928), pág. 98.

(90) L. Edel: *The Modern Psichological Novel.* (Grove Press. New York, s.a.) pág. 29.

(91) Fernand Vial: «Le symbolisme Bergsonien du temps dans líouvre de Proust», PMLA, LV (1940), 1.191-1.192. Y. Le Hir: «Temps et durée dans «Le Noeund de Vipères» de Mauriac» LR, XIV (1960) págs. 3-14.

pan en el mismo momento. Al descubrir la novela el tiempo interior y la coexistencia de estos diversos tiempos interiores en un mismo hecho exterior, cambia la sucesión de hechos de la novela naturalista por una coexistencia de momentos diferentes. La novela se transforma en *espacial.* Como ha analizado finamente Joseph Frank, en *Madame Bovary,* primera novela auténticamente sicológica, la feria, las escenas del tribunal, el diálogo de Emma y Rodolfo, son elementos sicológicamente simultáneos presentados espacialmente (92).

La reconstrucción del tiempo que hace Robbe Guillet en *La Voyeur* obedece al mismo principio. El instante del asesinato es un hueco en el espacio que se llena de planos, masas espaciales, sombras como en un cuadro cubista que dejara en el centro un trozo del lienzo sin ninguna mancha de pintura.

Estos son algunos de los problemas que el tiempo plantea en el relato.

En el libro, citado anteriormente, de Jean Pouillon, se señalan unas características de la expresión de la temporalidad que dividen claramente a la novela. Hay novelas en las que la *evolución* constituye lo esencial. En otras el tiempo no es más que una penetración sicológica (93).

Cuando la novela se centra en el problema sicológico de los personajes necesariamente es el problema de la expresión del tiempo el problema esencial de ese tipo de novelas. Y también es donde la expresión de la temporalidad se complica. Onimus, en un artículo que hemos citado, por vez primera en la crítica literaria intenta establecer unas categorías de la expresión de lo temporal. Para él está por un lado la novela clásica de duración lineal (págs. 300-303). Por otro, la novela de duración múltiple. Tal es el caso de *La Montaña Mágica* de Mann, del *Paralelo 42* de Dos Passos, etc. (págs. 303-306). En tercer lugar están las novelas de du-

(92) J. Frank: «Spatial Form in Modern Literature especially the novel». SER, LIII (1945) 221-40; 433-56.

(93) J. Pouillon: *Temps et Roman* (Gallimard, París 1946) pág. 179).

ración íntima, de duración perfectamente sicológica (págs. 308-312) (94).

Estas categorías generales pueden encuadrar formas típicas de la novela e introducirnos en el «monólogo interior», que no es más que una de las formas de expresión de la temporalidad interior.

Como sucede con todos los aspectos de la novela que hemos ido estudiando la crítica literaria tiene una abundante bibliografía cuando se trata de análisis ideológicos o de contenido, y es más escasa cuando se trata de problemas de pura expresión de esos mismos contenidos. Pero queda reducida casi a cero cuando se busca la expresión verbal con que las formas de contenido se manifiestan. En el estudio del tiempo estas investigaciones de formas de la expresión responderían a esta pregunta: ¿cómo se expresan gramaticalmente las diversas formas de temporalidad?

El verbo tiene tiempos. Esos tiempos son referencias temporales absolutas, como en el indicativo, o relativas como en los otros modos. Estos tiempos son expresados perfectivamente o imperfectivamente. Por medio de modismos léxicos o sintácticos expresamos además la incoación de una acción o su continuidad. En un estudio literario auténtico hay que relacionar estos medios del lenguaje –de un lenguaje dado– con lo que la novela expresa –una novela concreta de una literatura determinada. Pouillon tiene unas consideraciones atinadísimas sobre el uso del presente en la narración para presentar sucesos que ya son pasados y que por lo tanto deberían expresarse en imperfecto o perfecto (95).

Consideraciones más generales pueden encontrarse en Meyerhoff, *Time in Literatura* (1955). Es un estudio de tipo más general y de menos finura de análisis. Pero no se puede olvidar que en este punto no son válidas las consideraciones generales, sino el estudio de la estructura gramatical de la temporalidad en un idioma dado y su uso dentro de un relato.

---

(94) Omito la «duración abierta» (págs. 306-308) que no aparece clara en la explicación de Onimus y la «penetración en el pasado» que no es más que una forma de la duración sicológica.

(95) Pouillon: *Op. cit.* pág. 160.

Las implicaciones de la técnica de la expresión del tiempo con la concepción del mundo que tiene el novelista aparecen, con más claridad que en otro autor, en Faulkner. William Faulkner es el novelista que ha hecho uso más consciente del tiempo pra dar a través de sus consideraciones de él y su forma concreta de presentarlo una visión determinada de la vida. El descubrimiento de este valor de Faulkner ha sido un triunfo de la crítica literaria europea. La crítica literaria norteamericana ha insistido más en los aspectos simbólicos del novelista. Los estudios sobre el tiempo en Faulkner ayudan a esclarecer estos problemas en la novela en general y marcan un camino de comparación con otras formas de representación. Pueden verse estas consideraciones sobre Faulkner en dos estudios de Sartre, uno sobre *Sartoris,* y otra sobre la temporalidad de Faulkner en general (96). Claude-Edmonde Magny en *L'Age du Roman Americain* (97.), extiende y profundiza las mismas consideraciones de Sartre, pero relaciona mejor la temporalidad faulkneriana con el sentido religioso fundamental de las novelas del autor norteamericano. Pouillon estudia a Faulkner e insiste más en los problemas técnicos de la temporalidad que en los problemas filosóficos (98). Pero en Faulkner su concepción del mundo se expresa a través de la técnica narrativa y la técnica está íntimamente ligada al significado de lo que quiere Faulkner trasmitir. Faulkner se aparta sistemáticamente de la cronología sucesiva. Sólo subsiste en sus narraciones el tiempo vivo. Es decir: no el tiempo de la conciencia común orientada hacia el futuro, sino el tiempo de la conciencia del pasado orientado y gravitando sobre el presente. El tiempo no es para él más que puro pasado. Sólo lo que tiene pasado existe. El novelista asciende desde un hecho presente hacia las obscuras raíces desde donde ese hecho ha surgido al ser.

Después de estas páginas cualquiera puede llegar a preguntar ¿para qué complicar la narración con la expresión

---

(96) Sartre: *Situations I* (Gallimard, París 1947), págs. 7-13 y 70-79 respectivamente.

(97) Claude-Edmonde Magny: *L'Age du Roman Americain* (París 1948) págs. 196-243.

(98) Pouillon: «Temps et destinée chez Faulkner», en *Temps et Roman,* págs. 238-262 y las consideraciones generales que preparan el estudio en 210-238.

dificultosa del tiempo?; ¿por qué no hacer una narración lineal?; ¿por qué no volver a la simplicidad de una narración clásica? Lo más simple no es la vida, sino las representaciones simplificadas de la vida. El color de la realidad no está en los pintores domingueros que hacen verde toda hierba y marrón todo árbol, azul todo cielo. El color de la realidad está en la pintura impresionista que complica la representación hasta lograr la vibración del aire, las sombras coloreadas distintamente según el reflejo y el color básico del paisaje. Cuando la vida se toma por modelo la representación tiene que ser difícil, si es que quiere transmitir por la palabra la complejidad de la vida misma.

CAPITULO V

EL RELATO SIMBOLICO

La palabra símbolo se emplea en tantos contextos diversos que se hace difícil saber lo que se expresa con ello. Excluyamos una primera significación que se emplea a menudo en literatura y que puede obscurecer lo que estamos tratando: la de arquetipo. Se habla de Dulcinea, símbolo de la mujer idealizada; de Emma Bovary, símbolo del amor incomprendido, etc. En estos casos, decir *símbolo* significa «por excelencia». Es un uso que, por otra parte, está de acuerdo con la etimología original de la palabra. Un símbolo era una señal de reconocimiento. Usualmente, eran dos piezas de cerámica rotas que concordaban al unirlas. Símbolo de la fe era el conjunto de verdades objetivas, señal de reconocimiento de los que aceptaban un mismo mensaje de salvación. Precisamente, Dulcinea es un símbolo porque en ella reconocemos lo que debe ser la mujer idealizada.

La química emplea símbolos; expresa elementos simples, compuestos, combinaciones, reacciones, mediante grupos convencionales de letras y números. En Matemáticas se emplean símbolos. En álgebra, por ejemplo, se expresa por medio de letras y números el valor de una variable, haciendo abstracción de su significado concreto. Lo mismo la lógica formal abstrae la significación concreta para expresar sólo el esquema de la relación. Las dos rayas paralelas que vemos cada día con valor de «igual a», con lo que expresamos la igualdad cuantitativa, nos sirve en lógica para expresar la identidad que es categoría cualitativa.

El lenguaje de cada día, todo lenguaje existente, es simbólico. La palabra es símbolo de una realidad a la que apuntamos por medio del sonido asociado a un concepto. La naturaleza simbólica de toda lengua hace más complejo el tratar de símbolos literarios. Hablamos de una obra literaria como simbólica y esa obra literaria está compuesta de palabras que también son símbolos. Una escultura o una pintura pueden ser simbólicas, pero la piedra con que se hace la estatua o el pigmento de la pintura no lo son. En literatura, hablamos siempre con símbolos –palabras– acerca de una obra hecha con símbolos –palabras–, que además tiene otro cierto nivel simbólico.

Sobre la mesa, al lado de las hojas de papel que esperan ser rellenadas, cuando mi pluma deje de ser perezosa, tengo un guijarro de arroyo. Me sirve de pisapapeles. Esta piedra que acaricio con mi izquierda, mientras mi derecha traza los surcos negros paralelos, es lo que es: una piedra. Funcionalmente, es un pisapapeles o es un recuerdo. En ambos casos la piedra sigue siendo piedra. Las palabras y el discurso con los que me refiero a la piedra, ya sean signos o símbolos, por encima de lo que son en sí mismos, son además otra cosa. En sí mismos son sonidos, ondas sonoras complejas que se articulan y organizan en unidades funcionales. Por encima de lo que son en sí mismos tienen otra realidad.

Si entro en el Museo del Prado y logro, separando los turistas que lo apesadumbran, mirar el cuadro de Las Lanzas, veo allí un ser, que es lienzo y pintura, pero que por encima de lo que es en sí mismo, me lleva al conocimiento de otra realidad. Una realidad múltiplemente engarzada. Me lleva al conocimiento de una persona que entrega humildemente una llave, que relaciono con un hecho histórico y a otra realidad, que es una estructura de colores y líneas.

Abro los *Carmina* de Catulo. Leo el carmen 4. El poeta hace que un barco hable por sí mismo y nos cuente sus orígenes, su historia y sus realizaciones. El poema está hecho con palabras. Cada palabra aislada tiene una significación. Todas las palabras se organizan en un puro ritmo yámbico formando versos. Todos los versos me dan una significación total. Esa significación total, igual que la de la pintura, es significación de planos múltiples. Los críticos han discutido si se trata de la historia de un barco de verdad, de una miniatura o de un exvoto. Comprendo que la discusión es banal, porque la historia del barco me lleva a otro plano de comprensión. Lo que el poema me comunica es un barco, que por medio de la palabra organizada en un poema, es decir, en una unidad cerrada de sentido, se ha hecho casi humano. Pasa por las *impotentia freta* (4,18) hasta arribar a la calma del mar Sirmio, «límpido lago», –24–. Hay una tácita identificación del barco con el poeta Catulo que vuelve de Asia Menor y que ahora, como el barco, envejece en paz, *senet quiete* –26–, ahora que ha visto la tumba de su hermano y ha roto con Lesbia.

Si todo signo o símbolo, (99) tiene una doble realidad, ese universo ha de ser interpretado. El ser de las cosas se analiza. El análisis físico da su realidad y el análisis metafísico su esencia. Los símbolos se interpretan.

Puedo concebir la tierra vacía de hombres. La tierra en su dimensión física sería la misma. Pero si el hombre desapareciera, los signos, los símbolos carecerían de sentido y existencia.

Los símbolos (100) están siempre presentes ante el hombre pero la preocupación simbólica ha sido diferente a lo largo de la vida humana. Parece ser que asistimos en nuestros años a una renovación de la problemática de los símbolos. Con nuestra preocupación y clarificación actual podemos

---

(99) Para las diversas interpretaciones, cfr., C.F. Fordyce: *Catullus, a Commentary.* Clarendon Press, Oxford, 1973, págs. 96-99. Para la interpretación simbólica, H. Musurillo: *Symbol and Myth in Ancient Poetry,* Fordham Univ. Press, New York, 1961, págs. 107-109.

(100) En lingüística, desde Saussure, se distingue por signo a los propiamente lingüísticos, arbitrarios y bipolares. Por símbolos a todos los demás. Dice Saussure, «Le symbole a pour carcatère de n'être jamais tout à fait arbitraire, il n'est pas vide, il y a un rudement de lien naturel entre le signifiant et le signifié. Le symbole de la justice, la balance, ne pourrait pas être remplacé par n'importe quoi, un chr, par exemple», F. Saussure: *Cours de linguistique géneral,* ed. crítica de Tullio de Mauro, Payot, París, 1973, pág. 101. El ejemplo de Saussure sólo sirve para los símbolos ya estratificados o fijados por una larga literatura simbólica. Para planteamientos más actuales, T.A. Sebeok: *Linguistics and Adjacent Arts and Sciences,* en T. A. Sebeok: ed., *Courrent Trends in Linguistics.* Vol. 12, Mouton, La Haya, 1974, T. I., págs. 211-264, rehecho en, *Semiotics: A survey of the State of the Art,* en *Studies in Semiotics,* Indiana Univers. Press, Bloomington, Ind., 1976, págs. 1-45 y del mismo autor, *Six Species of Signs: Some propositions and Strictures,* «Semiotica», 13 (1975), 233-260. Distingue entre, «señal», «síntoma», «icono», «índice», «símbolo», dentro, como modalidad establece el «emblema», y «nombre».

volver a una época pasada en la que el mundo de los símbolos estaba total y absolutamente presente e iluminar un poco la teoría, para a su vez iluminarnos a nosotros mismos.

El simbolismo medieval

El hecho fundamental del simbolismo medieval es su universalidad. El universo, en su totalidad, es un universo simbólico. Todo puede ser símbolo de todo. Ese simbolismo universal presenta modos múltiples: símbolos rituales, simbolismo de las cosas, símbolos sacramentales. Cada tipo de símbolo tiene su hermenéutica, o reglas de interpretación, propias y precisas. Ese panorama simbólico medieval tiene un punto de partida en San Agustín.

La universalidad puede que quedara fijada en unos versos de un Rhitmus de Alain de Lille, (1114/28-1203),

> Omnis mundi creatura
> quasi liber et pictura
> nobis est speculum (101).

Alain de Lille juntaba los dos tópicos del mundo como libro y como pintura (102), pero el fundamento teórico de su expresión poética está en el misticismo filosófico de la escuela de los Victorinos, que a su vez lo prenden de San Agustín.

Hugo de San Víctor (1096/7-1191) escribía en su *Eruditio didascalica* «Universus enim mundus iste sensibilis quasi quidam liber est scriptus digito Dei, Hoc est virtute divina

---

(101) Alain de Lillie: *De Vanitate Mundi Rhytmus.* P. L., 210, 579.

(102) Para el tópico del mundo como libro, E. R. Curtius: *Literatura Europea y Edad Media Latina,* trad. esp. de Alatorre, Fondo de Cultura Económica, 2.ª ed., México, 1976. T. I, págs. 423-489. En particular, págs. 448-457. El tratamiento de Curtius es un poco pobre. Hay ejemplos típicos que se le escapan. Véanse, por ejemplo, los versos de Iohannes Hovedanus, donde compara toda la pasión de Cristo con un libro en el que Cristo mismo traza su pasión sobre el pergamino con las letras rojas de su sangre,

Liber vitae, lux superis
intus et extra scriberis
pennae sculptura ferreae;
ruber membrana litteris
dum lambit rorem lateris
limatae mucro lanceace.

Iohannes Hovedanus o Jean de Hoveden: (1225-1270), *Philomena,* C. BLume: *Hymnologische Beitrage, IV.* Lepzig, 1930, pág. 157.

creatus, et singulae creaturae quasi figurae quaedam sunt non humano placito inventae, sed divino arbitrio institutae ad manifestandam invisibilium Dei sapientiam» (103).

Este simbolismo, que así se enuncia con caracteres universales venía, como hemos dicho, de San Agustín.

San Agustín establece una teoría del signo que pasa a toda la Edad Media. San Agustín recoge la teoría estoica de la significación y la aplica al problema concreto de la enseñanza cristiana. En su tratado *De Doctrina Christiana* (104) dice expresamente que «omnis doctrina, vel rerum est del signorum», aunque añade que las cosas se conocen por medio de signos. El signo es algo que por encima de lo que es en sí mismo, nos lleva al conocimiento de otra realidad: «signum est enim res praeter speciem, quam ingerit sensibus, aliud aliquid ex se faciens in cogitationem venire» (105). Los ejemplos que pone se han hecho típicos: la huella del animal, el humo que nos señala la presencia del fuego, la trompeta que marca al soldado los movimientos de la batalla. Todos son signos porque por encima de lo que son en sí mismos, una marca en el suelo, un sonido, un resto de combustión, nos llevan al conocimiento del paso del animal, de la existencia del fuego, de una orden determinada (106).

Este conjunto de signos pueden ser *signa naturalia* o *signa data*. Los signos naturales «son aquellos que sin elección o deseo alguno, hacen que conozca mediante ellos otra cosa fuera de lo que en sí son» (107). Los signos dados o convencionales nos comunican intencionalmente un conocimiento (108). Estos signos, para San Agustín, son signos dados por el hombre, mediante el lenguaje, o dados

(103) Hugo de San Víctor: *Eruditio Didascalica,* 7.1. P. L., 176, 814.

(104) San Agustín: *De Doctrina Christiana,* 1.2.2. Cito por la edición de la BAC, que reproduce, cuando existe el texto latino de la edición maurina. La traducción, cuando se hace, es mía.

(105) San Agustín: *De Doctrina Christiana,* 2.1.1.

(106) Véanse los mismo ejemplos en Ch. Bally: *Qu'est-ce qu'un signe,* traducción española de F. Delgado: *Lingüística General,* Escudero. Córdoba, 1974, pág. 132 y en A. R. Fernández, S. Hervas, V. Báez: *Introducción a la Semántica,* Cátedra, Madrid, 1977, pág. 25.

(107) San Agustín: *De Doctrina Christiana,* 3.2.4.

(108) San Agustín: *De Doctrina Christiana,* 2.2.2. Prescindimos de la discusión agustiniana de si la expresión de los sentimientos o afecciones son *signa data.*

por Dios, a través del hombre, en las Sagradas Escrituras, inspiradas por Dios, pero escritas por un autor humano.

En cuanto al uso de los signos, son propios cuando se emplean para un significado instituído, «cum his rebus significandis adhibetur propter quas sunt instituta» (109). O bien son *signa translata*, cuando establecemos un salto en la significación, como expresar por la figura del buey al predicador del evangelio, como en San Pablo, 1 *Cor.* 9,9. Aquí señala San Agustín que los *signa translata*, son al mismo tiempo *res et signa*. Son cosas, pero al mismo tiempo nos llevan al conocimiento de otra realidad, por encima de la cosa misma. Es decir, la palabra en sí misma es una vibración o conjunto de vibraciones, que es signo porque me lleva al conocimiento de una realidad, en el ejemplo agustiniano a la realidad buey. Pero esa misma realidad, buey, se articula simbólicamente para designar al predicador del Evangelio. Por tanto, lo que existe puede dividirse, en la concepción agustiniana, en cosas, signos y cosas, que a su vez son signos. Todo signo es una cosa «omne signum etiam est res», pero no toda cosa es signo, «non autem omnis res etiam signum est» (110).

En el San Agustín del tratado *De Doctrina Christiana* existe el simbolismo, pero éste todavía no es universal.

Simbolismo universal

Cuando escribe San Agustín su tratado *De Trinitate*, (111) lejos ya de las obras juveniles, vuelve a considerar el mundo de los símbolos. En esta obra de madurez, el simbolismo del universo se convierte en universal. Si todo lo existente puede ser símbolo de la Trinidad, ya no se puede dividir el universo en cosas y cosas que son símbolos, sino que toda cosa puede ser símbolo de una realidad trascendente. Todas las cosas son vestigio de la trinidad: «oportet igitur ut creatorem, per ea quae facta sunt, intellectum conspicientes, trinitatem intelligamus cuius in creature, quomodo dignum est apparet vestigium» (112).

---

(109) San Agustín: *De Doctrina Christiana*, 2.4.15.
(110) San Agustín: *De Doctrina Christiana*, 1.2.2.
(111) Obra de madurez de San Agustín. Citamos por la edición de BAC.
(112) San Agustín: *De Trinitate*, 6.12.12.

La idea estaba en el Pseudo Dionisio. Cuando en el *Hierarchia Caelestis* decía «visibles quidem formas invisibles pulchrtudinis imaginationes arbritrans» (113). Si se recuerda que Escoto Eriugena comenta, hacia el 860, la obra de Dionisio (114), no será difícil encontrar en él frases como ésta: «Universus enim mundus iste sensibilis quasi quidam liber est scriptus digito Dei, hoc est virtute divina creatus, et singulae creaturae quasi figurae quaedam sunt non humano placito inventae, sed divino figurae quaedam sunt non humano placito inventae, sed divino arbitrio institutae ad manifestandam invisibilium Dei sapientiam» (115).

Todo el universo tiene una cualidad simbólica, puesto que todo, por encima de lo que es en sí mismo, nos lleva a conocer y expresar otra realidad, que es la divina. A partir de aquí surge esa alquimia verbal que todo lo transmuta y se dan la mano lo material y lo espiritual. «las cosas sensibles, escribe Santo Tomás, por naturaleza significan alguna cosa» (116), «Es connatural al hombre el que por lo sensible llegue al conocimiento de lo inteligible» (117).

Con este fundamento intelectual, la transposición mental de realidades, unas transmutándose en otras, se opera fácilmente. El mundo adquiere una nueva profundidad. Como su última dimensión significativa no es por sí evidente, el mundo se hace misterioso y el mundo tiene que ser explicado.

Formas del simbolismo

San Agustín divide los signos naturales en animales, plantas, minerales, y un poco separados de estos, los núme-

---

(113) Dionisio Aeropagita: *Hierarchia Caelestis,* 15.1.2. P. L. 122, 1.039.

(114) La entrada en Occidente de la obra de Dionisio se realiza en 758, cuando Pablo I envía una copia del autor a Pepino el Breve. Máximo el Confesor (580-641) lo comenta. Apoyándose en él, en 835, el abad Hilduino de Saint-Denis hace, o se procura, una versión latina, sobre la que Escoto Eriugena hace la suya y escribe el comentario. También traduce las glosas a Dionisio de Máximo, el Confesor. Escriben comentarios a Dionisio tanto Hugo de San Víctor como Alberto el Grande. Una nueva traducción se realiza en el XII y comentarios de San Buenaventura y Santo Tomás de Aquino. Marçilip Ficino, de nuevo, lo traduce. La mística alemana lo popularizó.

(115) Escoto Eriguena: *Erudito Didascalica,* 7.1. P.L., 176, 814.

(116) Santo Tomás de Aquino: *Summa Theologica,* IIIª q. 64. a. 2, arg. 2.

(117) *Summa Theologica,* IIIª qu. 60, a. 4 in corp.

ros (118). Hugo de San Víctor divide los signos en cosas, personas, números, lugares, tiempos y gestos (119). Esta división tiene una extraordinaria importancia por poner de manifiesto la utilización simbólica de la historia. Todo lo enumerado puede ser símbolo de otra realidad.

De la translación significativa de las cosas, el ejemplo simbólico medieval más evidente son los nombres que comienzan a dársele sistemáticamente a la Virgen, sobre todo después de San Bernardo. Como muestra más preclara podíamos escoger una secuencia del *Anticlaudianus de Alain de Lille,*

«Haec est stella maris, vitae via, porta salutis,
regula iustitiae, limes pietatis, origo
virtutis, veniae mater, thalamusque pudoris;
hortus conclusus, fons consignatus, oliva
fructificans, cedrus redolens, paradisus amoenans,
virgula pigmenti, vinaria cella, liquore
praedita caelesti, nectar caeleste propinans;
nescia spineti florens rosa, nescia culpae
gratia, fons expers limi, lux nubila pellens,
spes miseris, medicina reis, tutela beatis;
proscriptis reditus, errnti semita, caecis
lumen, deiectis requies, pausatio fessis» (120).

El procedimiento se aplica, como es natural, a lo profano. Baste el ejemplo de Hildeberto a la reina Matilde,

«Rosa de radice rosae, de stella splendor» (121)

o el juego de *derivatio* y *similicadentia* de Venancio Fortunato al rey Childerberto,

«Florum flos florens, florea flore fluens» (122)

Las personas concretas pueden ser símbolo de otras personas. Cuando Jacob bendice a su hijo Isaac, significa Dios padre. El ejemplo es de Hugo de San Víctor (123).

(118) San Agustín: *De Doctrina Christiana,* 2.16.24.
(119) Hugo de San Víctor: *De Scriptura Sacra,* 14, P. L. 175, 21.
(120) Alain de Lille: *Anticlaudianus.* ed. de R. Bossuat, París, 1955. vv. 346 y ss.
(121) *P. L.* 171, 1444.
(122) *M.G.H.,* V. 10 116.
(123) Hugo de San Víctor: *De Scriptura Sacra,* 14. *P. L.,* 175, 23.

Un lugar como Egipto se convierte en la simbología ascética en cualquier lugar no espiritual y mundano.

Un tiempo como el del invierno, cuando Cristo predica en el templo de Salomón, es símbolo de la frialdad de los judíos (124).

Pedro de Poitiers es el primero que expresamente señala el simbolismo de los colores (125).

El utilizar simbólicamente, no sólo las cosas, sino la historia (personas, lugares, tiempo, acciones) viene de la interpretación tipológica y alegórica de la Biblia. La forma de interpretar alegóricamente la Biblia consistía en ver el texto como significado de realidades espirituales. Ejemplo clásico es el de San Agustín cuando interpreta en la Parábola del samaritano que el viajero es Adán; Jerusalén, la ciudad eterna, de donde sale; Jericó es la muerte, como resultado de haber salido de Jerusalén; los ladrones, el mal, etc. (126). En manos de los escritores gnósticos esto llega a límites increíbles: cuando Heracleon comenta en San Juan que Cristo «bajó a Cafarnaúm», del verbo bajar deduce que Cafarnaúm significa el estrato más bajo de la realidad (127).

La forma de interpretar tipológicamente la Escritura se expresa bien por el efato agustiniano, «in Vetere Testamento Novum latet, in Novo Vetus patet» (128). Los hechos del Antiguo Testamento prefiguran las realidades del Nuevo. Ya San Pablo lo utilizaba para hablar de Cristo como del nuevo Adán. De aquí el simbolismo medieval sacará las últimas y más minuciosas consecuencias, como establecer que la cruz de Cristo se hizo de la madera del árbol del paraíso. Así, Arbol de la Vida, Arbol de la Cruz, Arbol del Paraíso, se unifican en un mismo simbolismo.

La sistematización de estos modos interpretativos está en Orígenes, cuando distingue el sentido tipológico y el

---

(124) Ibid.

(125) Pedro de Poitiers: *Allegoriae super tabernaculum Moysi,* 2.1. ed. de P.S. Moore y J. A. Cobert, Univ. of Notre Dame, Notre Dame, Ind., 1938, pág. 101.

(126) San Agustín: *Quaestiones in Evang.,* 2.19.

(127) Cfr. Orígenes: *In Ioannem,* 10, 48-54. *P. G.* 26, 149.

(128) H. Spitzmuller: *Poésie Latine Chrétienne du Moyen Age,* Desclée de Brouwer, Bruselas, 1971, pág. 1.659.

sentido espiritual (129). Este triple modo de interpretación servirá de esquema para la utilización, no sólo de la historia sacra de un modo simbólico, sino también la profana (130) o mítica. Seznec (131) ha trazado el paso y utilización de este tipo de alegorización, pero se podría encontrar en los puntos más insospechados. En un manuscrito del XV del Archivo de la Catedral de Gante (132), hay un ritmo sobre el Juicio de París. Al final del diálogo interviene el autor para dar el sentido moral de la escena,

«Hac in lite triplex hominum mellita poesis
Depinxit studium, quorum datur optio cunctis.
Falluntur tamen optando plerique: sequaces
luxus habet multos, honor et sapientia paucos» (133).

La conceptualización de los símbolos

Los símbolos primitivos, los que surgen por intuiciones directas de la realidad, que se articulan en universos expre-

---

(129) El esquema último medieval, que ha trazado maravillosamente De Bruyne, sería el siguiente:
A. –Sentido literal
 a) propio
  –histórico
  –etiológico
  –analógico
 b) figurado
  – típico
  – parabólico
  – moral
B. –Sentido alegórico
 a) tipológico
 b) tropológico
 c) anagógico
Cfr. E. De Bruyne: *Estudio de Estética Medieval, II,* Gredos, Madrid, 1958, págs, 316-384.
(130) Hasta para Kircher, estudiando el jeroglífico egipcio de la tabla de Bembo, existía allí «un cuádruple y analógico»: A. Kircher: *Obeliscus Phamphilus,* Roma, 1650, pág. 17.
(131) J. Seznec: *The Survival of the Pagan Gods,* Bollingen Serie, XXXVIII, New York, 1953.
(132) Gante, Catedral, mss. 12, f. 1R - 1V.
(133) Cfr.P. Dronke: *Medieval Latin and the Rise of European Love Lyric,* 2.ª ed., Clarendon Press, Oxford, 1968, II, pág. 536.

sivos, tal como los estudia, entre otros, Mircea Eliade (134),
se distinguen fundamentalmente de los símbolos medievales. El símbolo medieval tiene su hermenéutica propia. En
el símbolo primario, para captarlo como símolo, hay que
tener una intuición originaria sobre la realidad del símbolo
y lo simbolizado. El punto o el círculo como símbolos primario; la luna como principio, símbolo del cambio o su relación con lo simbolizado. El punto o el círculo como símbolos primarios; la luna como principio, símbolo del cambio o su relación con lo femenino, son conocimientos que
expresan los símbolos y que intuímos colocando dos realidades unidas en un único acto fenomenológico. Los símbolos medievales no primarios (135) son analizables discursi-
vamente.

En la teoría del símbolo medieval han insistido los mismos filósofos medievales en que el símbolo no anula la
cosa. En el símbolo se afirman, al mismo tiempo, la cosa y
lo simbolizado. Los sonidos que llamamos palabras en sí
mismos no son nada. Su ser es precisamente significar. Pero
cuando una realidad significa otra cosa, entonces coexiste el
ser real y el ser simbolizado. Como dice expresamente San
Agustín, «haec namque ita res sunt, ut aliarum etiam sint
rerum» (136). San Alberto Magno, en su comentario a Pedro Lombardo, afirma la identidad de la cosa y de lo simbolizado, de tal forma que la diferencia entre ambos está
sólo en el punto de vista con que se analicen: «ad hoc quod
objicitur, quod idem est rest et signum, dicendum quod

---

(134) En todas sus obras, pero sobre todo, *Tratado de Historia de las Religiones.*
Instituto de Estudios Políticos, Madrid, 1954.

(135) Evidentemente existen símbolos primarios en la simbología medieval
y además elevados a otro plano de expresión, en los símbolos sacramentales. El
símbolo primario del agua como regeneración se lee simbólicamente en otro plano cuando se considera como símbolo bautismal. El simbolismo sacramental es
otro capítulo de la simbología medieval que no tratamos. Para ese punto de vista,
cfr. K. Rahner: *Para una teología del símbolo en Escritos de Teología,* Taurus, IV. Madrid, 1961, págs. 283-321. Una extensa bibliografía en págs. 285-287. Más actual
en R. Mehl: *Theologie et symbole,* en J. E., Menard: *Le Symbole,* Univ. des Scienc.
Hum. de Strasbourg, Strasbourg, 1975, págs. 3-6.

Para el planteamiento de la definición del símbolo sacramental en la Edad
Media, J. de Ghellinck: *Un chapitre dans l'histoire de la définition des sacraments au XIIe
siécle.* «Mélanges Mandonnet», II, París, 1930, págs. 79-96.

(136) San Agustín: *De Soctrina Christiana,* 1.2.2.

non secundum idem, nec secundum eadem rationem»
(137).

Es necesario afirmar y establecer la realidad y afirmar y
establecer lo simbolizado, al mismo tiempo y en un mismo
acto mental. El proceso que se opera es el siguiente. Establecemos la unión de dos conceptos de realidades concretas
en una unidad conceptual superior. Cuando, desde Orígenes, el pensamiento y el arte medieval ve el Arca de Noé
como símbolo de la Iglesia, ha reducido la Iglesia al concepto de lugar de salvación espiritual y el arca sitio de salvación temporal. Eliminando lo específico de cada uno de
los conceptos los unifica en el concepto superior de «sitio
de salvación».

Este procedimiento supone que los símbolos que produce la literatura cristiana o medieval han de ser meditados
para ser comprendidos como tales. La glosa era una necesidad. De esa meditación y explicación del símbolo surge su
estratificación. Cuando los símbolos se estratifican, mujer
con los ojos vendados, símbolo de la fe, etc., no es necesario
para comprenderlos recurrir a una intución sobre la realidad. Cada símbolo tiene ya su significado propio y fijo. En
la *Hypnerotomachia Poliphili* (1499), los jeroglíficos que encuentra el protagonista son símbolos estratificados. El que
comienza, por ejemplo, representando una carátula de
buey con instrumentos de labranza colgando de los cuer-
nos lo lee el protagonista como «ex labore». Un ojo, significa «deus», etc.

El símbolo antiguo nacía de una intuición de la realidad
y por eso tiende a ser mistérico, se conoce por iniciación y
no ha de ser explicado.

La distinción que establece Clemente de Alejandría entre los misterios paganos y los cristianos es que los misterios
cristianos se explicaban y los misterios paganos se escon-
dían (138).

El símbolo medieval será fundamentalmente explicativo y conceptual. Símbolo y glosa conviven juntamente. La

---

(137) San Alberto Magno: *Commentarium in M. Sent., I* Sent. disp. 1 A., art. 6,
ad. 3.

(138) Un estudio definitivo sobre el tema en H. Rahner: *The Christian Myste-
ry and the Pagan Mysteries,* en *The Mysteries, Papers from the Eranos Yearbooks,* Bolin-
gen. Series, XXX, 1948.

glosa descubre al símbolo y el símbolo es explicado por la glosa.

En el renacimiento comenzará a aparecer el símbolo como unidad originaria, pero concibiendo la realidad de un modo platónico. En Góngora, por ejemplo, la mano será nieve, por intuir la realidad de la mano en su máxima cualidad de blancura (139).

La poesía simbolista del siglo XIX y XX redescubrió parcialmente estas viejas ideas. Se expresa claramente el descubrimiento en el soneto de Baudelaire, *Correspondance*. La composición *cristiana,* distingue entre las cosas que simplemente son y los signos que además de su ser propio nos llevan al conocimiento de otras realidades: «omnis doctrina uel rerum est, uel signorum» (140)». Todo lo que San Agustín ve en el universo, o son cosas o son signos, consideradas en sí mismas, pero que nos llevan a conocer otras realidades. Existen unos signos naturales –las huellas del animal– que son involuntarias y que nos llevan, inintencionadamente por parte de quien las produce, al conocimiento de otras cosas. Las palabras son signos, pero intencionados. Además de su cualidad de sonidos nos llevan a la comunicación de conceptos (141).

En ese mismo libro se nos dice claramente que todas las cosas no son signos. Pero en su libro posterior sobre la Trinidad *(De Trinitate),* San Agustín se da cuenta de que todo lo existente puede ser símbolo de la Santa Trinidad. Esta idea de San Agustín da paso a todo el simbolismo cristiano. Dice el Pseudo Dionisio, por ejemplo, que «todas las cosas visibles son imágenes de la belleza invisible» (142). Si se recuerda que la traducción latina del Pseudo Dionisio la hizo Scoto Eriugena y que Hugo de San Víctor escribió un comentario a Dionisio, no se ve extraño la influencia de estas ideas en Buenaventura, Alberto Magno y Santo Tomás de Aquino.

(139) E. Gombrich: *Icones symbolicae. The visual Image in Neo-Platonic Thought,* J. Warburg and Courtauld Institute, 11 (1948) 163-179. Más ampliado en *Icones Simbolicae. Philosophies of Symbolism and their Bearing on Art, en Symbolic Images,* Phaidon. New York, 1972, págs. 123-191. La forma original, más condensada, presenta mejor el argumento del sentido de los símbolos renacentistas.

(140) San Agustín: *De Doctrina Christiana,* 2. I. 1. Pl. 34, 36.

(141) DDC, 1. 2. 2. PL, 34, 20.

(142) Dionisio, *De cael. Hier.* 1. 2. PL, 122, 1.039, cf. PG, 3, 121-122.

La poesía simbolista del siglo XIX y XX redescubrió parcialmente estas viejas ideas. Se expresa claramente el descubrimiento en el soneto de Baudelaire, *Correspondance*. La composición aparece en la primera edición de *Les Fleurs du Mal* (1857), pero es posible que sea de unos siete u ocho años antes de la fecha de aparición del libro. Allí dice Baudelaire: (143).

La Naturaleza es un templo y sus pilares vivos dejan salir, a veces, las palabras confusas. Por allí pasa el hombre; por la selva de símbolos que le observan atentos con familiar mirada.

El que esta poesía haga referencia especial, en su segunda parte, a la siniestesia, no quita profundidad de doctrina a los primeros cuatro versos. Baudelaire es el último de los románticos. Por eso concibe la naturaleza como un templo de pilares, vivos como troncos, y habla de la Naturaleza como si ella existiera en una unidad. El hombre moderno ya no habla de la Naturaleza, porque sólo ve en ella fenómenos aislados. Baudelaire y el simbolismo poético establecen la *naturaleza* como una dispersión confusa de sensaciones. La unidad de esa dispersión la da el poeta que pasa entre las sensaciones y al pasar las unifica e interpreta. De ahí la altura cósmica del poeta moderno. El poeta es el intérprete necesario de la creación. El poeta es quien hace comprensible lo existente. La poesía no es una ocupación o el producto de la una ocupación, es la morada del ser.

En el simbolismo medieval, toda cosa, aparte de su ser mismo, nos podía llevar al conocimiento de una realidad superior y trascendente. En la poesía moderna, toda cosa enunciada por la palabra nos puede llevar al conocimiento de otra realidad, no superior o revelada, sino establecida dentro de la misma textura del mundo. Por eso toda poesía moderna verdadera es un grito lanzado en el límite de una frontera presentida. Por eso todo poeta moderno es un desterrado de un mundo que ha entrevisto pero que no ha visitado.

La palabra hablada es una realidad sonora que nos lleva al conocimiento de una realidad del mundo concebida a través de un sistema concreto de lengua. El hablante co-

---

(143) En *Les Fleurs du mal. Correspondances*. Aparece ya en la 1.ª edición (1857), pero es posible que sea de unos siete u ocho años antes.

rriente olvida la realidad de la palabra —cadena de sonidos articulados, asociados a un significado o que expresan una situación— para tender a identificar esos sonidos con las cosas a que hacen referencia. La palabra no es signo de cosas. La palabra es signo de conceptos de las cosas. La palabra apunta a una realidad exterior al lenguaje mismo. Es signo de un concepto de la realidad, pero el hablante puede utilizar la palabra para que sea *signo de otro signo* y entonces es cuando surge el símbolo literario. Para el que no esté familiarizado con teorías del lenguaje, un ejemplo aclarará estos pensamientos. Juan de la Cruz, para hablar del amor divino, escribe:

¡Oh llama de amor viva!

La llama es la forma verbal de expresar en castellano un efecto visible de algunas formas de combustión. La «llama de amor» es una metáfora. El *amor* es una forma del lenguaje para expresar una afección del alma. Al expresar por medio de la llama la fuerza de relación de Dios con el hombre, no hace el poeta una metáfora. No compara; junta, por medio del lenguaje, una realidad compleja para expresar otra realidad compleja. El amor es llama; la llama es amor. Todo símbolo verdadero es reversible. Todo símbolo verdadero no se agota por el análisis racional de los términos. Se trata de dos intuiciones yuxtapuestas. Así ha podido decir T. S. Eliot que «la poesía comunica antes de ser comprendida» (144). La comunicación del lenguaje simbólico es anterior al análisis parcial de los elementos que constituyen el conjunto de la comunicación. Dice Yeats en su autobiografía «...pájaros, bestias, hombres, mujeres, paisaje, sociedad no son sino símbolos y metáforas» (145). Pero en la edición que preparó de la poesía de Blake nos dice este añadido significativo: «...toda metáfora poética es simbólica» (146). En la alegoría hay una correspondencia plano a plano, palabra a palabra. A cada elemento de la realidad corresponde uno del plano ideal. Recordemos la introducción a los *Milagros de Nuestra Señora* de Berceo. Luego de describirnos el pra-

---

(144) Eliot, *The Sacred Wood* (London, 1920), pág. 11.
(145) Yeats, *Autobiographies* (London, 1926), pág. 59.
(146) Yeats, *Essays and Introductions* (London, 1961), pág. 127.

do, pasa a aplicar cada elemento, uno a uno, a la Virgen. La alegoría es siempre exterior a la cosa misma. Una alegoría ha de ser explicada. Hay que dar la clave de cada par de significaciones. El símbolo se capta en su total significación. El símbolo es un modo de comprensión del mundo. La filosofía intenta decir lo que las cosas son. Pero todo pensamiento de tipo místico o simbólico, lo que quiere decirnos es lo que las cosas significan. En este modo de significar la realidad está la profundidad del símbolo.

Quien más ha profundizado en la teoría del símbolo en relación con la alegoría ha sido Baruzi, al estudiar a San Juan de la Cruz (147). Dice Baruzi: «La alegoría no prescinde más que provisoriamente del mundo de las nociones. Las imágenes en la alegoría pueden ser sustituidas por las ideas que significan. Estamos ante una alegoría cada vez que un paralelismo se construye entre un sistema de imágenes y de pensamientos abstractos formulados o virtuales» (148). El símbolo, sin embargo, no tiene equivalencia plano a plano. El símbolo es el modo profundo de explicar lo que de por sí es incomunicable. Volvamos a San Juan de la Cruz. Existe la palabra amor. La palabra no expresa una realidad, señala un concepto. Unimos en esa palabra una serie riquísima de realidades interiores y de experiencias, que en alguna manera se relacionan y son semejantes a las experiencias de otros hablantes. Al llamar al amor llama, hemos sustituido una realidad en bloque por otra realidad total. No es que por un tácito acuerdo una realidad se signifique por otra, como en el lenguaje una cadena articulada de sonidos significan un concepto determinado. El poeta ha conocido mejor que nadie dos realidades que tienen unos puntos comunes de relación y mientras más ahondemos en la realidad aparencial del fuego más nos adentraremos en la realidad del amor, y mientras más sintamos la realidad del amor comprenderemos más profundamente la realidad del fuego. Como la última realidad religiosa es inefable, toda poesía religiosa tiene que ser necesariamente simbólica. Para captar lo religioso hay que adentrarse siempre en un

---

(147) J. Baruzzi, *Saint Jean de la Croix et le Problème de l'Expérience Mystique* (París, 1931) págs. 323-329.
(148) Id. pág. 323.

mundo de símbolos, única forma de expresar lo inefable. Mientras más ahondemos en el fuego como símbolo, más comprenderemos la realidad del amor simbolizado por él, sin que nunca lleguemos a poder establecer una equiparación exacta entre cada uno de los elementos parciales de cada término. «Un símbolo —dice Baruzi— no es casi nunca realizado en su esencia. Para que haya un símbolo verdadero es necesario que los diversos planos de la experiencia no se correspondan exactamente y no puedan indiferentemente ser reemplazados uno por el otro (149).

El símbolo se interpreta en su sentido natural. El símbolo puede tener un significado natural dentro de una cultura determinada. La dificultad de entender toda verdadera poesía reside en la dificultad de comprender su simbología peculiar. El símbolo es, además, plurivalente. Una poesía de San Juan de la Cruz tiene diversos planos de valores. Se puede leer el poema de la *Noche Obscura* como un verso de amor y abandono. Se puede leer con todo el sentido que el poeta quiso darle o con mucho más si alguien tuviera más alta experiencia mística que él. Todo símbolo apunta hacia una realidad que quiere expresar, no la limita.

Pongamos un ejemplo de relato evidentemente simbólico. De *El Castillo* de Kafka se puede decir que «es la historia de un pobre agrimensor a quien se hace venir de muy lejos, con un empleo prometido, y su decepción cuando se da cuenta de que todo fue una equivocación. Por caridad se le empleará como criado del maestro de escuela» (150). Pero también se puede ver en este relato, como lo hace Max Brod, el editor de Kafka, el drama de la gracia y del hombre.

Una de las novelas más extrañas —y menos conseguidas— de Faulkner es *Una Fábula*. En la Guerra Europea del 14, un cabo y doce hombres consiguen, hablando de amor y de compasión, que todo el ejército se niegue a seguir luchando. El enemigo se suma a la acción y tampoco quiere atacar. El cabo es traicionado por uno de sus compañeros. Es fusilado entre dos ladrones. Muere un viernes. El sábado,

---

(149) Id., pág. 324.
(150) Magny, *Les Sandales d'Empedocle* (Boudry, Suisse, 1945), pág. 175 nota, 1.

la lucha vuelve al frente y, el domingo, un bombardeo hace desaparecer el cuerpo del cabo. Por una serie de coincidencias, el cuerpo del cabo termina reposando en la tumba del Soldado Desconocido. Despojemos el hecho de su ambientación concreta. Hay un hombre y doce seguidores. Su causa es traer la paz al mundo. Los hombres no comprenden el mensaje. El enviado es muerto y sepultado. Los hombres no escuchan su palabra y prefieren seguir odiándose, pero honran su tumba. Todo sucede en días de cierto significado: un martes, miércoles, jueves, viernes y domingo por la mañana. Sin querer surge el simbolismo concreto de la Redención de Cristo. La novela puede ser una simple narración de un hecho imposible, pero también un relato, símbolo de otras realidades. El cabo es una figura que el novelista, conscientemente, no quiere concretar nunca. Nadie sabe exactamente sus orígenes. Sólo sabemos que es un cabo, un poco superior a sus compañeros, pero por debajo de toda jerarquía militar. Su padre será el general que lo condenará a muerte. Un día se prepara la ofensiva y el ejército se niega a atacar. Los generales se reúnen y entonces se dan cuenta de que todo ha sido cosa de «trece hombres» —el oscuro cabo, cuyo nombre pocos conocían y ni siquiera lo sabían pronunciar—, cuya misma presencia en el regimiento era un enigma» (151). El general, después de un discurso larguísimo, lleno de palabras obscuras y cargadas de contenido, lo condena a muerte. Y de la novela termina con estas palabras misteriosas: «Temblad, no moriré nunca» (152). Todo lo que quiere decir la novela es ésto: hay que confesar el crimen contra el hombre —la guerra, el odio— para ser perdonados (153). «El mal forma parte del hombre, como también forma parte de él igualmente el arrepentimiento y el valor» (154). El odio, la lucha, «el ruido y la furia» se pueden terminar si los hombres se deciden en un instante a terminar con ese daño. Pero eso será una solución pasajera. Siempre habrá un traidor que deshará la concor-

---

(151) Faulkner, *A Fable* (New York, 1954) tad., esp. *Una Fábula* (Barcelona, 1955) pág. 114.
(152) Id., pág. 373.
(153) Id., pág. 300.
(154) Id., pág. 176.

dia. En ese caso queda el sacrificio individual por el hombre. Los hombres seguirán despreciando ese sacrificio, pero siempre habrá alguien que se sacrifique. La novela de Faulkner, o se entiende en el plano simbólico o queda convertida en un relato ingenuo de «ciencia-ficción».

Si toda cosa puede ser símbolo de otra, hay pares de cosas que muestran más afinidad simbólica. Eso es lo que queremos decir cuando hablamos de símbolos naturales. Se habla de realidades que de modo más natural o menos artificiosas son símbolo de otras realidades. Los símbolos naturales-religiosos los han estudiado los modernos investigadores de las religiones, sobre todo Mircea Eliade, (155) Callois, Kirchgassner y, entre nosotros, Alvarez de Miranda.

La identidad de símbolos entre los ritos religiosos primitivos y la poesía de signo popular o popularizante es evidente. Sobre todo cuando el poeta, conscientemente vuelve a las raíces más ancestrales de la inspiración. Es que ha demostrado Alvarez de Miranda al estudiar la simbología de García Lorca (156). Lo mismo aparece claro en un estudio de igual sentido, pero menos profundidad, de Gustavo Correa (157).

Hacia el año 1930, la crítica literaria busca afanosamente símbolos freudianos en las producciones literarias. Como el subconsciente no se manifiesta directamente, el uso de ciertos símbolos literarios puede descubrir un mundo de asociaciones que ponga de manifiesto cierto tipo de estructuras en lo más profundo de la sicología de una persona. El mismo Freud estudió ciertas obras literarias para hacer con ellas afirmaciones sicológicas sobre los autores que las escribieron. Este empleo de obras literarias por parte del sicólogo es lícito con tal de que sus conclusiones queden en el

(155) Mircea Eliade: *Imágenes y Símbolos,* trad. esp. (Madrid, 1955); *Tratado de Historia de las religiones.* trad. esp. (Madrid, 1954); *Aspects du Mythe* (París, 1963).

Callois: *L'Homme et le Sacré.* 3 ed. (París, 1963).

Kirchgässner: *La puissance des signes. Origines, formes et lois du culte* (París-Tours, 1962).

Alvarez de Miranda: *Obras.* 2 vol. (Madrid, 1959). *Las religiones mistéricas* (Madrid, 1961).

(156) Alvarez de Miranda: «La metáfora y el mito». Obras II (Madrid, 1959), págs. 41-1.111.

(157) Gustavo Correa: «La poesía mística de Federico García Lorca». *Oregón Studies in Psychology and Literature,* 2 (1957), 10 ss.

plano sicológico. Un símbolo literario puede venir de una tradición literaria, no de una manifestación profunda del autor. El sicólogo tiene que conocer el acervo de símbolos comunes a una época literaria para poder saber en qué caso se trata de una manifestación de la personalidad del autor o de una simple forma estilística tradicional. Las conclusiones del estudio sicológico de los símbolos nunca serán literarias. Lo que interesa a la literatura es ver cómo ha sido expresado ese símbolo por medio de la palabra. Lo que interesa al sicólogo es ver qué fisura interior hace descubrir determinada simbología. Freud, analizando símbolos de Dostoievski, podrá descubrir determinados complejos latentes en el novelista. Esos complejos definen, ni aclaran, ni cualifican literariamente la obra de Dostoievski. Lo que le introduce en la literatura no son sus complejos ni la ausencia de ellos. Lo que le introduce en la literatura es la forma cómo expresa ese mundo.

Los símbolos pueden ser estudiados independientemente del autor que los emplea. Cada autor no se identifica con un símbolo o con un tema. Cada autor es una constelación de símbolos y temas relacionados, pero esos temas pueden aislarse y estudiarlos separados de la creación concreta. Mas, esos símbolos aislados pueden ser estudiados o agrupados siguiendo una pauta sicológica. En ese sentido, la influencia de la sicología de Freud no hace daño a la literatura y algún sentido la aclara. Es algo de lo que hace Gaston Bachelard en su estudios sobre el psicoanálisis del fuego o la transformación literaria de símbolos sexuales primitivos (158).

Posteriormente a esta fiebre psicoanalista que abrumó la crítica, el símbolo se estudia en su puro aspecto de lenguaje. La mayoría de los estudios, desde el punto de vista del símbolo, analizan los contenidos cognoscitivos expresados por los símbolos. Hay pocos estudios que traten de

---

(158) G. Bachelard: L'eau et les rêves. Essai sur l'imagination de matière (París, 1942).
   La psychanalyse du feu (París, 1938).
   La terre et les rêveries du repos (París, 1948).
   La terre et les rêveries de la volonté (París, 1948).

aclarar la estructura formal de los símbolos. En esto consistiría un verdadero estudio simbólico de éstos.

Como en cualquier fenómeno de lenguaje, el plano de estudio es siempre plural. Se puede estudiar el modo como el símbolo se origina en el sujeto. La relación entre sujeto concreto y símbolo empleado pertenece a la sicología, aunque la literatura pueda ofrecerle interesantes materiales. Puede considerarse el símbolo en su relación con los objetos expresados por el símbolo y eso será papel de la lógica, de la epistemología, de la ontología. Puede considerarse el símbolo tal como se articula en una lengua dada, en un texto concreto, en sí mismo considerado. Sólo este aspecto es el plenamente literario. Pero este estudio literario también puede tener variedades de punto de vista.

En la teoría literaria de Richard, por ejemplo, el símbolo se utiliza para intentar la diferenciación metódica de prosa y verso. Pero para llegar a comprender verdaderamente el símbolo en sí mismo considerado, es necesario delimitar las fronteras que el símbolo tiene con otras figuras de expresión afines a él.

El concepto de símbolo tiene sus fronteras lindando con el concepto de mito y con el de metáfora. Para los diversos sentidos de la palabra mito en literatura hay un estudio muy claro y orientador de Wallace W. Douglas (159), sobre el significado de «mito» en la crítica moderna.

El mito en el lenguaje del siglo XIX era sinónimo de ficción o de ilusión. Hoy es para los investigadores una «tradición sagrada, revelación primordial, modelo ejemplar» (160). En literatura, mito es un fondo narrativo, fijo, delimitado en la tradición que hace descubrir un aspecto esencial del hombre o del mundo (161).

Para la metáfora, a pesar de la importancia del tema, no hay ningún trabajo definitivo. El mejor estudio de conjunto, hasta ahora, es el de H. Konrad (162). En su *Estudio sobre*

---

(159) W. W. Douglas: «The Meaning of «Mith» in Modern Criticism». *Modern Philology,* 50 (1052-53) 232-242.

(160) Eliade: *Aspects du Mythe* (París, 1963), pág. 9.

(161) Véanse algunos de los estudios hechos sobre los motivos míticos en literatura. Por ejemplo, Rotunda, *Motif-Index of the italian.* Novelita in Prosa (Bloomington, Ind. 1942).

(162) H. Konrad, *Etude sur la Métaphore* (París, 1958).

la metáfora, Konrad aborda el estudio desde un plano filosófico. Intenta esclarecer el conocimiento del ser que la metáfora aporta. El estudio literario debe tener ésto en cuenta, pero debe también analizar la estructura formal de la metáfora (163).

Para la alegoría son muy útiles los estudios que hemos citado sobre alegorismo medieval (164). ·

El considerar un relato como simbólico se puede decir que comenzó de forma metódica en la crítica norteamericana al estudiar *Moby Dick* de Melville. Desde el siglo XIX, sin proponérselo conscientemente, los comentarios a *Don Quijote, Hamlet, D. Ferrer,* habían visto en ellos algo más que narraciones o acciones teatrales. En ellos veían ciertos modos simbólicos del ser humano. Pero el simbolismo que ellos descubrieron es algo diferente de lo que el relato moderno pretende. Por la universalidad ejemplar de lo que las obras narraban, sostenían los críticos una universalidad ejemplar, simbólica —en ese sentido— de lo que narraban. El simbolismo literario no se desprende del realismo ejemplarizante de la narración, sino en la forma en la que el relato trasciende la realidad que narra. Elementos de este tipo se dieron siempre en todas las literaturas, pero la crítica del siglo XIX no supo —posiblemente, no podía— descubrirlas por los supuestos mentales en los que se movía.

La crítica norteamericana sistematizó la forma de analizar los valores simbólicos de la narración y les dio toda la importancia que ellos tienen. Para Bishop, por ejemplo, el valor de la novela del sur de los Estados Unidos está en la profundidad de su mitología simbólica (165), y para Charles Feidelson Jr., el estudio del simbolismo es «un camino de llegar a la literatura moderna y a la norteamericana en concreto» (166).

El simbolismo en la novela puede ser considerado en diversos aspectos del relato. En las *Sonatas* de Valle Inclán hay un uso simbólico de la adjetivación en función del pai-

(163) Wheelwright, *Metaphor and Reality* (Bloomington, Ind. 1962).

(164) Véase la referencia en las notas, 4, 5, 6, 7.

(165) J. P. Bishop, «The Mith and Modern Literature» en *Collected Essays* (New York, 1948) pág. 122-128.

(166) En M. D. Zabel, *Literary Opinion in America.* 2 ed. (New York, 1951) pág. 5.

saje de cada sonata. El empleo de referencias religiosas asociadas a connotaciones sexuales es común a toda la prosa modernista (167).

En Maulraux, por ejemplo, hay un constante uso de elementos simbólicos –el alarido de las sirenas de los buques o de las fábricas– que preludian o acompañan la muerte en *La Condición Humana* (168). Es claro y común encontrar y estudiar estos elementos en poesía: el mar en Mallarme, el árbol en Verharen, la llanura en Antonio Machado, son palabras que no pueden ser consideradas simplemente como simples términos connotativos o referenciales.

La misma estructura o repetición de elementos, según cierta razón, pueden tener un sentido simbólico.

Hasta en la misma estructura del relato se puede ver un cierto símbolo. En la *Chanson de Roland* hay unos cuarenta casos de grupos de *tres* estrofas para presentar unidades de la acción o de la expresión de afectos. Esa construcción ternaria tiene un sentido simbólico (169).

Pero el simbolismo más interesante del relato reside en la totalidad de lo narrado. El conjunto de una novela, en la mayor parte de la literatura moderna, tiene una trama simbólica. Por encima de la escueta narración hay un más profundo significado. Si ese significado no se percibe, la novela se convierte para el lector en un relato intrascendente, más o menos bien escrito. Es lo que dijimos al hablar de *Una Fábula* de Faulkner. En *La Montaña Mágica* de Thomas Mann se trata de algo más que de una historia de amor, mezclada con ideas sajonas e italianas, en un sanatorio de tuberculosos. Hay en la novela amor, ideas, pasión, tuberculosis, temperatura, suicidio, etc. Pero cualquier lector se da cuenta de que «la montaña» es algo más que un accidente geográfico. En el último capítulo la guerra, que saca a los enfermos de su sueño, irrumpe por el valle. Valle y montaña se contraponen como se contraponen acción y

(167) Amado Alonso, «Estructuras de las sonatas de Valle Inclán» *Verbum,* 21 (1928) 7-24. Recogido después en *Materia y Forma en Poesía* (Madrid, 1955).

(168) Frohock: «Notes on Malraux's Symbols». *Romanic Review,* 42 (1951) 274-281.

(169) W. S. Woods: «The Symbolic Structure of La Chanson de Roland», PMLA, 65 (1950), 1247-1262.

sueño, realidad y fantasía individual. La tuberculosis es en la novela no una enfermedad, sino una forma de crearse un mundo aparte y entonces queda claro el sentido mágico de la montaña.

En *La Peste* de Camus se trata de una epidemia de cólera. La epidemia aparece en una fecha determinada: 1940; en una ciudad existente: Orán. Pero la novela es algo más que eso. Puede ser símbolo de la ocupación alemana de Francia. Puede ser símbolo de la situación del hombre encerrado en un mundo del que no puede evadirse (170).

W. Y. Tyndall, al estudiar el símbolo literario lo encuentra no sólo en autores evidentemente simbólicos como Faulkner, Kafka, Conrad, sino en otros en los que el símbolo pudiera extrañarnos, como en F. Scott Fitgerald, Hemingway, etc. (171).

El mismo protagonista de la acción, el hombre, se convierte en un ser provisto de un peculiar simbolismo. Para buscar ese tono y cifra de lo simbólico en el hombre, buscó la novela de entreguerras y de los primeros años de la postguerra horizontes lejanos. Después del hastío de temas ciudadanos, busca la novela un sitio distante donde la naturaleza se muestre directamente y donde su fuerza señale lo que el hombre es. La novela europea se vuelve periférica. Malraux conquista, a fuerza de relatos, el camino de Asia: Camboya, en la *Voie Royal;* China, en *Les Conquerants* y en *La Condition Humaine.* Mauriac escribe una y otra vez –con la insistencia de los que al no tener ideas nuevas se obstinan en las angustias– el drama rural de las landas. Bernanos, el misterio de las pequeñas parroquias del campo. Camus busca los límites de lo europeo y sitúa *L'Etranger* en Argelia y *La Peste* en Orán. En *La Chute* se marcha a la frontera norte de Europa. Coccioli, en *Il celo e la terra* coloca la ciudad como símbolo de la tentación y hace que don Ardito busque en la montaña la paz y por eso la muerte.

El paisaje nuevo tienta al novelista, que busca colocar a sus héroes en una situación en la que se definan. El hombre de hoy vive inmerso en una sociedad técnica conformada

(170) J. Cruickhand: «The Art of Allegory in «La Peste». *Symposium,* 11(1957), 61-74. cfr. Ullmann, *Language and Style* (Oxford, 1964), págs. 194-195.

(171) W. Y. Tyndall, *The Literary Symbol* (Indiana, 1955). pág. 3 y passim.

en sus más pequeños detalles por el ambiente. No podemos saber con facilidad lo que pertenece a un hombre o es propiedad del mundo que le rodea. El novelista busca situaciones que definan al hombre. Sólo le queda la posibilidad de colocar a su héroe en una naturaleza primitiva o junto a unas circunstancias implacables.

Eso se ha definido como *situación límite.* El término está tomado de la filosofía de Jaspers y se aplica lejanamente a estas ideas literarias. El hombre vive inmerso en situaciones. La realidad de esas situaciones es que pueden ser aceptadas o no por el hombre. Pero hay ciertas situaciones que se imponen al hombre, que no puede huir de ellas. Como el hombre no puede rehusarlas, le definen. Estas situaciones ineludibles son la muerte, el dolor y la culpa, y, por ineludibles, son los grandes esclarecedores de la existencia. Como se imponen definen al ser.

De estos conceptos se han hecho diversas aplicaciones literarias. La explicación más plástica es la del novelista italiano Coccioli. En el prólogo a *L'Imagine e le Stagioni,* el novelista se defiende de algunas acusaciones: «Dicen que no me preocupo en mis libros más que de seres anormales, de figuras turbias y, por lo mismo, impenetrables, o al menos inaceptables. En un cierto sentido, quien dice eso tiene razón. Todos mis personajes tienen algo de monstruosos y yo soy el primero en saberlo; pero, francamente, ¿es concebible que se pueda definir un objeto que no sea por la definición de sus límites?» (172).

Y en *Manuel le Mexicain* pregunta Miss Howkins al novelista:

«—¿Usted no se ocupa más que de seres anormales?

—Lo que me interesa es el hombre. Para mí es el único, el incomparable objeto. Cuando sea viejo y haya escrito todos mis libros, querría que una imagen saliese de ellos: la del Hombre. Pronuncio estas palabras con mayúscula. Por favor, ¡no se burlen de mí! Para describir México se comienza por decir que está limitado al Norte por Estados Unidos; al Sur, por Guatemala y al Este y Oeste por los océanos. Para describir al hombre o para delimitarlo no se

---

(172) Coccioli, *L'Imagine et le Stagioni* (Florencia, 1954). pág. 23.

puede hablar más que de sus fronteras, de sus casos límites» (173).

El caso límite es la frontera del hombre. Lo que es casi imposible que haya sido, pero que es el límite a que tiende.

¿Qué separa esta concepción de la novela de la llamada relato de tesis? Se ha escrito demasiado contra la novela de tesis para que sin más podamos hacer una identificación entre la vieja y la nueva forma de novelar.

La novela límite escoge un caso real o posible. Como tal caso, no es aplicable a ningún otro hombre; pero por tratarse de una situación límite es esclarecedora del ser de todos los individuos. El novelista de tesis pinta en sus novelas *lo que debería ser* y es aplicable a la *conducta de todos* los hombres. Una novelística se centra en el ser y la otra en el obrar. Una escoge casos únicos esclarecedores de la totalidad y otra busca casos afines a todos los hombres. la ejemplaridad del personaje de la novela límite está en la frontera que marca; pero la marca con su propia libertad. El novelista de tesis plantea un programa y lo rellena con figuras.

La novela así concebida no hay que mirarla en función de lo que narra, sino como signo manifestativo de otras realidades. *L'Etranger* de Camus es irreal. Ningún hombre podrá haber padecido de la forma que Mersault padece. En *La Peste,* del mimo autor, no hay ciudad alguna que vea nacer en ella la muerte de la manera alucinante que en la novela aparece. Pero es cierto que el hombre está aislado; que la muerte surge de su propio costado. En este caso es buena imagen la de una ciudad cercada y obsesionada por la peste. Los hechos narrados son puros símbolos de otras realidades. En *Cristo de Nuevo Crucificado,* de Niko Kanzantzaquis, asistimos a una evidente imaginería de iconos guiñolesca, casi esperpéntica. Y, a pesar de todo, la novela no puede menos de ser tomada en serio.

El carácter alucinante de este tipo de novelas está en su ambivalencia. El signo puro es transparente. La novela no lo es. Tiene un contenido propio, al que hace referencia. Esta ambivalencia del símbolo es lo que dificulta la exacta

(173) Coccioli, *Manuel le Mexicain* (París, 1957), pág. 246.

comprensión de su realidad, pero es también lo que hace que sea una obra de belleza y arte. El arte no se realiza con meras abstracciones, aunque de por sí simbolice cosas abstractas.

CAPITULO VI

EL RELATO COMPROMETIDO

Hablamos de un modo de novelar que apareció en Europa después de la Segunda Guerra mundial, pero el movimiento se había gestado antes.

Ese «después» tiene una extraordinaria importancia. Un cataclismo no cambia las verdades; pero cambia el mundo de experiencias de donde las verdades surgen. No invalida verdades, pero el hombre ha de buscar aquéllas que solucionen sus problemas parciales. Un cataclismo no cambia la verdad, pero introduce variaciones en los sistemas de apoyo. Para ver qué significó la guerra en Europa es más impresionante ver el proceso de las ideas que las fotografías de los bombardeos. Que se lea la literatura de estos años y que se le compare con la inmediatamente anterior. Muchas cosas malas y una buena; el fracaso de los esteticismos.

La literatura europea ha pasado por dos guerras. Las dos han cambiado su faz porque han deshecho órdenes establecidos. Las dos guerras determinan hoy nuestro presente. La literatura esteticista de fin de siglo pasó a ser, después de la guerra del 14, literatura de testimonio. La última guerra la transformó en literatura «enrolada», «comprometida», con una idea.

Literatura comprometida

Baudelaire, ese poeta por quien hay que comenzar siempre que se quiera hablar de literatura moderna, comparaba al escritor con el albatros. Cuando ese enorme pájaro ha caído sobre la cubierta de un buque, la longitud de sus alas le impide remontar el vuelo. Así el poeta:

«en el suelo, entre ataques y mofas, desterrado,
sus alas de gigante le impiden caminar» (174).

Establece en esta poesía una inadecuación entre la sociedad y el poeta. El artista no se mueve con tranquilidad por el mundo. En unas prosas recogidas con el título de *Diario íntimo,* con etilo más mordaz que en *Fleurs du mal,* nos dice:

«si un burgués pidiese que le sirviesen una tajada de poeta asado, la gente lo encontraría lo más natural» (175).

Ni el poeta es para la sociedad ni la sociedad para el poeta. La sociedad ignora al artista y el artista se separa de la sociedad escondiéndose en la bohemia como en un refugio.

Tenemos tan dentro de nosotros este sentido de lo que debe ser el hombre de letras respecto de los hechos sociales que Pablo Neruda, en unas palabras en un homenaje a Lorca publicado en Valencia en 1937, tenía que justificar el matiz político de sus afirmaciones: «muchos esperaban de mis tranquilas palabras poéticas distanciadas de la tierra» (176).

Cien años después de los versos de Baudelaire la faz cambia totalmente. Paul Eluard protestaba de aquel deseo de Platón que pretendía coronar al poeta, pero sacarlo fuera de las murallas: «el poeta no vive hoy fuera de los muros» (177).

No son estos versos un testimonio al azar; son un sentir común. Jean Cassou: «no hay más problema que el hombre; luego no hay más poesía que sobre el hombre» (178). Sartre, al fundar *Les Temps Modernes,* escribía: «para nosotros el escritor ni es Ariel ni una vestal. Está en la revuelta, cualquiera que sea, comprometido, enmarcado» (179).

De estar apartado de la sociedad pasaba el escritor a estar frente a ella, pero en los dos casos inmerso en sus problemas.

---

(174) Baudelaire: *Fleurs du Mal.* Ed. Yves-G. Le Dantec. París, 1941, pág. 10.
(175) Baudelaire: *Journaux Intimes,* París, 1920, pág. 25.
(176) *Homenaje al poeta F. G. L.* Ediciones Españolas, Valencia, 1937, pág. 49.
(177) Eluard: *Poèmes Politiques.* Gallimard, 1948, pág. 12.
(178) Cassou, apud Parrot, *Politiques.* Gallimard, 1948, pág. 12.
(179) Sartre: *Les Temps Modernes 1,* Oc., 1945.

El proceso de esta evolución es sencillo y aleccionador. El esteticismo, la literatura como consuelo o como fuga de la realidad, tiene mucho de impotencia.

«lejos de los alientos que dan las grandes cosas,
qué haremos los poetas sino buscar tus lagos»...
(180).

Aquel mundo brillante del más suficiente liberalismo no duró mucho. El conflicto del 14 terminó con aquella brillantez. La literatura cobró la profundidad del dolor. Se dieron todos cuenta, al ver morir a los hombres, de lo que el hombre valía. Los escritores eran conscientes de que, por su sensibilidad mayor para captar fenómenos, tenían un puesto privilegiado de observación. Así surgió el escritor constituido en *testimonio*. Testimonio ¿de qué? De lo que sucedía a su alrededor. hay dos clases de testimonio: el de los que se quedaron en hiperlucidez de visión y el de los que sacaron las consecuencias de lo que testimoniaban.

La posición de simple espectador ni satisface ni liga. No compromete a nada. La simple posición de espectador es la más banal de las ocupaciones humanas. Frente a una evolución el espectador se queda al margen para después poner su última acotación con aire de suficiencia. Nadie como Valéry ha captado en sus ensayos la profunda crisis del mundo moderno. Pero él mismo nos ha dicho: «confieso que he hecho un ídolo de mi espíritu, pero yo no he podido encontrar otro» (181).

El caso Malraux es aleccionador. Comprende que el testimonio solo no basta. Hay que deducir la teoría de esos hechos que contempla. Sus consecuencias serán equivocadas, pero él no ha ahorrado esfuerzo para palpar lo que sucede. Con él todo un grupo de literatos encuentran esta verdad: *no basta ver lo que sucede*. Hay que juzgar lo que acontece para sacar de ahí consecuencias para nosotros mismos, y una solución para el problema de nuestro vivir. No se puede estar frente a la Historia como frente a un espejo. Hay que tomar papel en su favor o en su contra.

Escribía Malraux: «la condición del hombre, y no cual-

(180) Rubén Darío: *Cantos de Vida y Esperanza*. Al cisne.
(181) Apud Joffroy Berne: *Présence de Valéry*, s. a., pág. 235.

quier clase de conocimiento, es el objeto de toda cultura» (182). Y Paul Eluard, por su parte: «la salvación no está en la poesía, sino en el hombre» (183), y en otro libro escribe estos versos:

> «habrá un hombre,
> no importa cuál,
> pero uno u otro;
> si no, no habrá nada»
> (184).

Toda esta literatura comprendió y palpó el dolor. Podía haber respondido con Pablo Neruda:

«si me preguntas de dónde vengo tengo que conversar con cosas rotas
con utensilios demasiado amargos,
con grandes bestias a menudo podridas
y con mi acongojado corazón» (185).

La literatura no podía ser para ellos ni un juego, ni una evasión, ni un simple documento.

Literatura como visión del mundo

La literatura era una concepción del mundo. Toda concepción importa un sistema. No simples consideraciones sobre la forma de concebir la vida, sino una sistematización total. No se trataba en esta nueva literatura de problemas individuales, sino del hombre en cuanto tal. Oigamos a Malraux: «la novela moderna es, a mis ojos, un medio de expresión privilegiado de lo trágico en el hombre, no un esclarecimiento del individuo» (186).

A una literatura individualista, ligada al culto de la diferencia individual y cuyo tema casi único había sido el de la sensualidad amorosa, se pone una literatura de hermandad viril; y a la psicología del individuo la tragedia de la condición humana (187).

---

(182) Malraux: *Sobre el hombre y la Cultura.* Conferencia en la UNESCO.

(183) Eluard: *Poèmes Politiques,* Gallimard.

(184) Eluard: *Le livre ouvert,* II. Cahiers d'Art, pág. 23.

(185) Neruda: *Residencia en la Tierra,* II. *No hay Olvido.* Sonata.

(186) Apud Picón: *Malraux par lui-même.* París, 1953, pág. 67.

(187) Resumimos palabras de Picón en el mismo lugar generalizando a toda la novela actual lo que él dice de Malraux.

Si el escritor ha encontrado una verdad que es explicación del mundo, pretenderá extenderla. En este momento ideológico nació la palabra *engagée,* «comprometida». Nacieron en Francia los literatos comprometidos con una idea. La última guerra había exigido que el pensamiento sacara las últimas consecuencias de la acción. Marcel Cayrol, al terminar la resistencia francesa, decía que «la poesía había combatido en la primera línea del drama. Tiene sus muertos, sus héroes, sus santos. El combate continúa. La poesía humea todavía como un arma recién disparada» (188).

La literatura renunció a sus torres de marfil y se metió en medio del vivir. Esto es tan fuerte que Sartre ni siquiera pedía una justificación de la posteridad para el hecho literario. Quería el triunfo actual con el sentido de inmediatez que exige cualquier acción política: «no deseamos ganar nuestro proceso en una apelación. No queremos rehabilitaciones póstumas: aquí mismo y por nuestros contemporáneos es donde el proceso se gana, o se pierde» (189).

La literatura toma un manifiesto aspecto social y, a veces, filosófico. La experiencia de esta literatura no es el reajuste de lo anterior con el presente, sino construir el presente partiendo de las ruinas. La literatura más joven también percibe este estado de cosas. Así se puede leer en *Les Enfants de l'Absurde,* de Paul Van der Bosch: «somos los supervivientes de una guerra que no hemos hecho». «Hemos nacido hombres sin un grito; pero es por haber abierto los ojos a un mundo desencantado, por lo que somos, más que ninguno, los hijos del absurdo» (190).

Otro observador de nuestros días, Malraux, escribió «la realidad absoluto ha sido para vosotros Dios; después, el hombre; pero el hombre ha muerto después de Dios y vosotros buscáis con angustia a quien confiar su extraña herencia» (191). Y en nuestros días, más explícitamente, Van der Bosch, en la obra citada anteriormente, analiza el grito de Nietzsche de la muerte de Dios y añade: «en los primeros tiempos, demasiado ocupados en hacer a Dios brillantes

---

(188) Cayrol apud Parrot: Op. cit., pág. 72.
(189) Sartre: *Les Temps Modernes,* I, Oc., 1945.
(190) Van der Bosch: *Les Enfants de l'Absurde.* La Table Ronde, 1956, págs. 18.
(191) Malraux: *La Tentation de l'Occident,* Gasset, 1926, pág. 166.

funerales, los hombres no han vuelto a sentir en su carne su desaparición. pero hoy día, que hemos vuelto a entrar en nosotros mismos, después de haber puesto en su lugar los asuntos de la muerte, nos hemos dado cuenta por primera vez de que estamos solos» (192).

La generación estética

A esta generación, de escritores –Malraux, Saint Exupéry, Bernanos, etc.– se le ha llamado la «generación ética». No es que sea exclusivo de ellos el planteamiento de problemas éticos. Quizá más agudamente se los planteó la generación anterior; pero en ellos lo específico de la expresión se subordina a lo expresado. han sido literatos un poco «a pesar de»... Lo que les movía era una necesidad de esclarecimiento. Eran los discípulos de unos maestros que les habían enseñado todo lo contrario. Esos maestros son los que se ha llamado «generación estética». Entre los de aquella generación estética, si alguien escribió de cara a la juventud fue Gide. Por eso la juventud siempre tendrá tanto que echarle en cara. Pues bien, Gide, en su diario, en 1949 agrupa a los escritores de su generación y escribe.

«Valéry, Proust, Suares, Claudel y yo mismo, por diferentes que seamos los unos de los otros, sin embargo, se advierte que somos de la misma edad, y casi estaba por decir del mismo equipo; y creo que el motivo es el profundo desprecio que sentimos por la actualidad» (193). ·

Esta generación de hombres «inactuales» despreciaron al acaecimiento cotidiano, pero algo también les unía. Al despreciar lo actual lo único que les interesaba era la expresión de su propio yo. No se concibe una creación de Gide, sino como una confesión. Por eso su generación era más de poetas que de novelistas. Ni a Claudel ni a Valéry les parecieron importantes sus propias ideas. No eran importantes sus pensamientos por lo que decían, sino por la estética y el estilo que se podía extraer de ellos. A un libro de la generación estética no le pedimos acuerdo con la realidad, sino consigo mismo. No hay que pedirle adecuación entre la

---

(192) Van der Bosch: Op. cit., pág. 197.
(193) Gide: *Journal*, 1942-1949. NRF, 1950, pág. 290.

realidad exterior y la expresión, sino coherencia interior. Cuando ésta falla todo se derrumba. Si ésta persiste, no es necesario más referencia objetiva. Aun al más cercano a la intención literaria actual, Barrès —y cuya influencia habría que ponderar, aunque la moda actual de la crítica tienda a ignorarlo un poco—, tiene su pensamiento eficacia por su propia belleza expresiva. Es algo de lo que ocurre con nuestro Ortega y Gasset. *El espectador,* que fue el libro de nuestros años jóvenes, no se le examinaba como teoría, se nos imponía como el ritmo interior de un cuadro de Rubens o la aplastante belleza total de una puesta de sol marinera.

Estos hombres no eran guías de la realidad. Nos enseñaban más o menos mistificadas las galerías de su mundo interior. Se podía aprender en ellos modalidades del «yo»: el cristianismo personal de Claudel, al amoralismo de Gide, la suficiencia marmórea de Valéry.

Pero hubo unos hombres que quisieron anteponer la realidad expresada a la parcialidad del que la exprimía. Fue más interesante la visión objetiva que el tinte del cristal que interponían entre la realidad y la expresión. Europa había cambiado, pero los hombres que la expresaban también. No interesaba «un hombre» por privilegiado y particular que fuera. Lo que interesaba era «el hombre».

En *Les Noyers de l'Altenburg,* Malraux, herido y prisionero, vuelve la vista a sus compañeros de prisión:

«cada mañana miro miles de hombres en la inquieta claridad de la aurora y pienso: *es el hombre* (...). Escritor, ¿por qué he estado yo obsesionado, después de diez años, sino por el hombre? Heme aquí delante de la materia original» (194).

La literatura *engagée* exige una referencia a la realidad; pero esta misma literatura da un nuevo giro al espejo que se pasea a lo largo del camino. Desde ahora se pretenderá que refleje el camino mismo y no el rostro del que lo pasea.

---

(194) Malraux: *Les Noyers de l'Altenburg.* París, 1943, págs. 27-28.

El hombre como límite

Una novelística tan admirable como la de Thomas Mann nos presenta una ambiente social de ayer y, sin embargo, demasiado lejano para nosotros. Lo mismo pasa con lo que Proust nos cuenta, y hasta con la totalidad de Gide. Nada de familias hamburguesas ni de sanatorios en la montaña. Los salones de los Guermantes se han ido vaciando poco a poco. Nada queda del antiguo esplendor. Al final de *A la recherche du temps perdu* habla Proust de los edificios amenazados del París de 1914, «a los que el espanto que tenían de los obuses que tal vez los destruyeran, daba por contraste, en su belleza aún intacta, una suerte de plenitud y como si tendiera hacia adelante ofreciendo a los golpes sus arquitecturas indefensas» (195).

Proust habla de los edificios. No eran ellos los que avanzaban lo indefenso de sus arquitecturas, sino el hombre mismo. Desde el instante en que lo que se pone en peligro es el hombre mismo, la novela moderna —como hemos dicho— será un pretexto para determinar la dimensión metafísica del hombre. Era esencial la anécdota en·la novela del XIX. Se trataba con ella de hechos que comenzaban y terminaban: que tenían su geografía física y su montorios de una cordillera. Interesaba en ellas lo que «aquel hombre hacía», no lo que «el hombre era». Importaba para el novelista el gesto, más que la entidad específica que el gesto individual manifestaba.

Camus al escribir *L'Etranger,* Sartre al trazar *La Nausée* buscan un hombre cualquiera —con su libertad y, por tanto, con su contradicción— y lo declaran portavoz.

La infancia de la palabra

En un texto anteriormente citado del diario de Gide añadía a continuación de lo que allí transcribíamos: «Se advierte en nosotros —en ese grupo del que él hablaba— la influencia más o menos secreta de Mallarmé» (196). ¿Por qué Mallarmé y no Rimbaud?

La razón no está aquí en que Mallarmé buscara lo in-

(195) Proust. *A la recherche du temps perdu. XV Les temps retrouvé,* II, pág. 197.
(196) Gide: *Journal...,* pág. 291.

temporal por encima de lo actual. Cualquier surrealista, por inactual que fuera, diría Rimbaud y no Mallarmé. La razón hay que buscarla en la noción del habla y del lenguaje poético que cada poeta clave defiende. Decía Sartre, a propósito de Faulkner, que toda técnica novelística supone una metafísica (197). También no es menos cierto que toda técnica presupone una noción diversa de la función de la palabra. Toda obra literaria es un problema de expresión. La literatura evoluciona no porque evolucione lo que con la palabra se dice, sino porque la misma forma de lenguaje varía.

En una literatura que establece el único valor en la expresión de lo individual el lenguaje pasa de ser signo de cosas a ser signo de impresiones sobre las cosas. El lenguaje sirve para expresar realidades, pero esas realidades son sólo las que afluyen a través del cauce vario de las sensaciones. El lenguaje se enfrentó con la necesidad de expresar lo peculiar. El lenguaje intentó comunicar lo individual; pero, por esencia, lo individual es incomunicable. El lenguaje se convirtió así en un intento *referencial,* en lugar de ser connotativo. Señala el ámbito de las realidades, pero no las expresa. Las delimita confusamente, pero no las define.

La poesía, que siempre es fruto primerizo, se dio primero cuenta del problema. La disociación entre realidad y sujeto llevaron a la disociación de la realidad y la expresión. Dos caminos se abrieron a la poesía: Mallarmé buscó que las palabras cobraran un nuevo sentido dentro de la totalidad del mundo de su expresión. Las palabras perdían su categoría normal significativa para transmutarse en un sistema que recibía coherencia mirando a la totalidad de su expresión poética (198). Así se acercaba Mallarmé a los grandes creadores de totalidades poéticas: poesía provenzal, Góngora, Hölderlin, etc. (199).

---

(197) Sartre: *La temporalité chez Faulkner, Situations.* I. Gallimard, 1947, pág. 67.

(198) En el caso de Claudel aparecen en él fundidos los dos elementos. Léase, por ejemplo, en *ARt poétique,* París, 1900-1904, pág. 105: «Comprendre c'est communier... Avant d'ouvir les yeux, je sais tout par le coeur», y en pág. 93: «L'acte créateur essentiel est l'emission d'une onde».

(199) Véase el sentido de las palabras *«or», «bleu», «aile», «neige», «plumage»,* en Ayda: *Le drame intérieur de Mallarmé ou Porigine des simboles.* Istambul, 1956.

Rimbaud, por otro camino, preferirá volcar el loco flujo interior en un loco lenguaje. El habla pierde sí su valor connotativo para ser simple signo evocativo tomado en su conjunto. Recordemos la estrofa famosa del *Bateau iure:*

«Dans les clapotements furieux des marées,
Moi, l'autre hiver, plus sourd que les cerveaux d'enfants,
Je courus! et les Péninsules démarrées
N'ont pa-s subi tohus plus triomphantes...».

Decía Rimbaud:

«el poeta es realmente ladrón de fuego (...). Si lo que trae de abajo tiene forma, da forma; si es informe, da lo informe» (200).

El surrealismo acentuó la crisis del lenguaje al llegar hasta el automatismo más absoluto. Tzara decía que «las palabras se forman en la boca». Este automatismo lingüístico llega a la novela en el procedimiento de Joyce y antes que él en Dujardin.

Con Proust la novela tomaba el camino de Mallarmé. Es corriente encontrar en su inmenso álbum de recuerdos la referencia a las expresiones especiales de cada grupo social, al habla de las parejas y hasta el habla peculiar de cada hombre. Hay un lenguaje de cada familia: el habla Verdulin, el habla de los Guermantes. Odete y Swan tienen un verbo peculiar para significar un modo de caricia. El novelista no conoce la realidad misma. Lo que conoce es lo que la realidad le evoca. Un trozo de magdalena en el té es, además de una palabra, una sensación actual que vale, no por lo que es en sí la sensación, sino por lo que la sensación le va evocando. El sorbo de té aclara todo el pasado, y la realidad misma es ir quitando capas sucesivas para llegar a ...no tener nada en el fondo. Cuando se agota la sensación más distante la realidad desaparece.

La polémica de la palabra

Sartre, en un célebre ensayo, *qué es literatura,* expone diversos problemas relacionados con el hecho literario. Ha sido un ensayo excesivamente citado en trozos. Se ha insis-

---

(200) Rimabud: *Lettre du Voyant,* apud R. y J. Maritain: *Situation de la Poésie,* pág. 57.

tido en el aspecto social y en el concepto de burguesía que presenta; pero creo que se ha olvidado que lo más llamativo es lo que dice al hablar de la expresión. Allí se dice:

«la función de un escritor es llamar pan al pan, y al vino, vino. Si las palabras están enfermas, a nosotros toca curarlas» (201).

Las explicaciones teóricas para salvar el hecho de que la palabra esté enferma y de que, o bien no responde a la realidad –Mallarmé–, o deja de ser sistema coherente de signo –Rimbaud–, y ya deje, por tanto, de ser lenguaje, son diversas en cada escritor; pero todos los de este tiempo tienen en cuenta el hecho.

«Llamar a las cosas por su nombre» es el intento de toda la generación ética, y lo realizan como una consecuencia de hacer una literatura del hombre y no del individuo. En ellos la eficacia de la palabra viene de la situación que la palabra expresa. De ahí que la palabra por sí misma no interese, porque todo papel que no sea el puro connotativo no se le da a la palabra, sino a la misma situación.

Sartre hace una distinción entre poesía y prosa. La poesía es estructura del mundo exterior (202). La poesía, por tanto, no da la realidad. Heidegger decía, citando a Hörderlin, que «lo que permanece los poetas lo fundan», porque «la poesía es la fundación del ser por la palabra».

La prosa, según Sartre, sin embargo, ha de ser transparente. Prescindienco de explicaciones que coloquen al lenguaje dentro de peculiares sistemas filosóficos, hay algo común al grupo que Camus finaliza, por variadas y contrapuestas que sean las posiciones intelectuales de cada uno de los componentes del grupo. Frente a una generación que miraba la palabra como fin aparece otra en que la palabra es puro medio.

La palabra presenta ahora las cosas desnudas desprovistas de proyecciones sentimentales y las palabras mismas lo más cercanamente posible a las cosas son las que desencadenan todos los otros procesos secundarios. No expliquemos la mesa, parecen decir los novelistas, pongámosla delante. Si

---

(201) Sartre, *situations,* I, pág. 36.
(202) Idem, pág. 38.

queremos expresar relaciones o ideas morales desprendidas de una acción no las expresemos. Bástenos colocar al hombre en aquella situación en la que el ser de lo que se quiere expresar no pueda ser confundido con ningún otro.

El lenguaje se hace –en la media de lo posible– puramente referencial. No es la palabra lo que simboliza o evoca; es la situación misma objetivamente creada por la palabra. Aunque partiendo de otros principios estéticos menos teóricos que técnicos expone algo afín el novelista norteamericano Hemingway:

«Entonces trataba de escribir, y encontré que la dificultad mayor –aparte de saber qué sentía realmente, o lo que me habían enseñado a sentir– consistía en describir lo que realmente ocurría en la acción: cuáles eran las cosas reales que producían la emoción que yo experimentaba» (203).

Por este procedimiento se consigue recrear sobre el papel la frescura de la hierba misma sin los lametones de los adjetivos gastados. La emoción se consigue por el procedimiento de colocar el objeto que la produce y nunca por la lenta narración de la emoción misma o el llenar el párrafo de adjetivos conmiserativos. Esto es lo que teorizaría Eliot con el nombre de «correlativo objetivo», y Hemingway lo explica en el mismo libro de donde hemos tomado el párrafo anterior de esta manera:

«el único medio de expresar la emoción en forma artística es encontrar un grupo de objetos, una situación, una cadena de sucesos que será la fórmula de aquella emoción particular; de tal modo que, cuando los hechos externos estén dados, la emoción se evoca inmediatamente».

El texto citado explica algo de la función que la palabra cobra en esa generación. Pero precisemos. Eso aparece motivado, no por una consideración técnica, como en Hemingway, sino como una consecuencia social y filosófica al mismo tiempo.

Esta novela, que quiso estar «comprometida», comenzó con una intención de ser un instrumento de cambio social y terminó con un compromiso más profundo, que fue con el propio lenguaje.

---

(203) Hermingway: *Death in the Afternoon.* Nueva York, 1932, pág. 32.

CAPITULO VII

EL RELATO OBJETIVO

Cuando parecía que la novela estaba encauzada definitivamente y la tendencia de la novela «comprometida» pasaba al gran público, alrededor de 1952 comenzaba a conocerse un movimiento minoritario y un poco esotérico que comenzó a conocerse con el nombre de «nuevo relato», «nueva novela», «narración objetiva». Los grandes editores franceses no les hicieron mucho caso en el principio. Comenzaron editando sus libros en pequeñas editoriales secundarias. Crearon inmediatamente una polémica y cuando el movimiento estaba ya absolutamente olvidado y entraba ya en los programas de literatura, uno de ellos, Claude Simon, en 1986, recibía el premio Nobel de literatura.

La literatura comprometida comienza a morir alrededor de los años cincuenta. Una nueva generación de novelistas jóvenes vuelve a hacer del cultivo de la forma un programa estético.

En 1953 aparece *La Parisienne,* una revista fundada por un novelista, de segunda categoría, Nimier. Como toda revista nueva comenzaba con un manifiesto: «Prohibido el testimonio» (contra lo que acostumbraba Sartre en la dirección de *Les Temps Modernes),* «el testimonio es un material y una revista debe publicar lo elaborado. Ninguna pasión por la actualidad». (Contra el manifiesto de Sartre de la «eficacia inmediata» de la literatura). «Nuestra ambición no es guiar, sino seducir». (Posiblemente contra Bernanos). *«La Parisienne* es una imprudente que a todo se acerca por amor al arte» (204). El ataque de estos nuevos novelistas no era

---

(204) *La Parisienne,* I (1953), 7.

contra las técnicas literarias anteriores, sino contra la posición que debía tomar el escritor de la «generación ética» dentro de la sociedad en que vivía (205). Los nuevos novelistas iniciaban un nuevo esteticismo –la vuelta a la actualidad de Giono es sintomática– pero un esteticismo irresponsable: la obra de Sagan, por ejemplo.

Un poco más tarde surge la narración objetiva. Los novelistas de la nueva tendencia critican a la novelística anterior desde el punto de vista de la misma creación literaria. Contaban, no se puede negar, con un elemento positivo de valor grande: responsabilidad en el oficio de escribir. La tendencia de la narración objetiva es todo menos una evolución juvenil. Lo que la poesía hizo hace treinta años con Elliot, o Guillén (Jorge), sustituyendo los romanticismos de la inspiración incontralada por un inspirado trabajo de construcción del poema, lo intenta ahora la nueva novela con el «relato objetivo». Se oponen a la corriente naturalista y sicológica, como adelante veremos, pero también a la improvisación, mitad experiencia personal, mitad fórmula literaria –de la mala novela publicitaria– (206).

La narración objetiva tiene sus novelistas mayores y menores y no es fácil establecer una lista de ellos que agrade a todos los críticos. En 1958, la revista *Esprit,* en un número especial 7-8, daba la lista siguiente: Samuel Beckett, Michel Butor, Jean Cayrol, Marguerite Duras, Jean Lagrolet, Robert Pinget, Alain Robbe-Grillet, Nathalie Sarraute, Claude Simon, Kateb Yacine. Hoy se puede estar de acuerdo en que hay un núcleo fundamental formado por Michel Butor (207), Nathalie Sarraute (208), Alain Robbe-

---

(205) Véase capítulo anterior.

(206) Es injusto –como hace Nadeau– comparar esta tendencia con los «angry young men» ingleses o con la «beat generation» americana. Los Angry Youngs Men ingleses tienen más realización con la generación de Nimier y del mismo Nadeau, que son el «relato objetivo». Los Beats surgen literariamente en un ambiente que no tiene que ver con el «relato objetivo». Los beats americanos propugnan una literatura más instintiva que racional y atacan la literatura profesoral que florece alrededor de las universidades americanas.

(207) M. Butor: *Passage de Milán* (1954), *L'Emploi du temps* (1956) *La Modification* (1957), Degrés (1960).

(208) N. Sarraute, *Tropismes* (1939), *Portrait d'un inconnu* (1947), Marterau (1953), *Le Planétarium* (1959), *Les Fruits d'or* (1963), *Entre la vie et la mort* (1968), Vous les entendez? (1972), *«disent les imbéciles»* (1976).

Grillet (209) y quizás, por su tardía fama al concedérsele el Nobel, Claude Simon (210).

Sarraute (211) y Robbe-Grillet (212), ejercen, al mismo tiempo que una actividad creativa, la función crítica.

La diferencia entre los diversos novelistas de este grupo es bastante grande. Los une una misma crítica a la novela anterior y un cierto intento común, que cada cual obtiene por vías diferentes.

Tanto Sarraute, como Robbe-Grillet parten de un hecho: la crisis de la novela y la necesidad de renovación del género. Esto no lo han dicho sólo ellos, ni han sido los primeros en darse cuenta. Pero ellos han sido los primeros en intentar —ya veremos si su intento es un logro— una renovación a fondo de este género literario. Para ellos las causas de la decadencia son dobles. Por un lado el abuso de un falso sicologismo narrativo; por otro un cierto falso tradicionalismo narrativo: creer que la novela ha encontrado un buen camino y que es imposible poder encontrar otra vía distinta de la que marcan los relatos anteriores. «La única concepción novelística —dice Robbe-Grillet— que se acepta hoy día es la de Balzac» (213). Pero habría que aña-

---

(209) A. Robbe-Grillet, *Les Gommes* (1953), *Le Voyeur* (1955), *La jalouse* (1957), *Dans le labyrinthe* (1959), *La Maison de rendez-vous* (1965), *Projet our une révolution à New York* (1970), *Topologie d'une cité fantôme* (1975), *La Belle Captive* (1975), hay que añadir el texto de tres películas publicadas después en forma parecida a una novela: *L'Année derniére à Mareinbad* (1961), *L'Inmortelle* (1963), *Glissements progressifs* du plaisir (1973).

(210) C. Simon, *Le Tricheur* (1945) *La Corde raide* (1947), *Gulliver, Le Sacre du printemps* (1954), *Le Vent, tentative de resttitution d'un retable baroque* (1957), *L'Herbe* (1958), *La Route de Flandres (1960), La Palace* (1962), *Histoire* (1967), *La Pharsale* (1969), *Les Corps conducteurs* (1971) *Triptyque* (1973), *Leçon de choses* (1975).

(211) La obra crítica de Nathalie sarraute, publicada primero en revistas, está recogida en el libro «*L'Ere du Soupoon*» (1956). He utilizado los artículos «Conservation et sousconversation», *Nouvelle Revue Francaise 3* (1950) 1417-1428 que forman el núcleo principal del libro.

(212) La obra crítica de Robbe-Grillet se encuentra en estos artículos: «*Una Voie pour le Roman futur*», *Nouvelle Revue Francaise* 4 (1956) 78-86 «Nature, Humanisme, Tragédie», *Nouvelle Revue Francaise* 6 (1958) 580-603; «L'Avenir du Roman», *Critique,* 12 (1956) 695-701 y una serie de artículos, dedicados a un público más numeroso publicados en L'Express de noviembre de 1955 a marzo de 1956. Todos estos artículos se recogen en *Pour un nouveau roman* (París 1963).

Butor es también crítico pero en lugar de producir manifiestos analiza ejemplarmente la obra de algunos literatos recogidos luego dos artículos y conferencias en *Répertoire II* (1964), *Répertoire III* (1968), *Essais sur les Essais* (1968), *Répertoire IV* (1974).

(213) Robbe-Grillet, «Une voie pour le Roman futur» NNRF 4 (1956) 77.

dir, con un poco de rigor, que un Balzac mal comprendido. Como dice Butor, «hay algunos espíritus, abiertos, avanzados (...) que declaran querer sacudir la tiranía de Balzac, hacer el anti-Balzac oponiéndose a una noción de Balzac ridículamente insuficiente» (214).

La crítica del sicologismo narrativo, tanto en Robbe-Grillet como en Sarraute es una crítica feroz. Dice Nathalie Sarraute que «la palabra sicológica es una de esas que un autor de hoy no puede oir pronunciar sin bajar los ojos y ponerse colorado» (215). Y Robbe-Grillet en el manifiesto de la nueva novela, «Une voie pour le Roman futur»:

El sacrosanto análisis sicológico constituía ya en esta época (en la de la condesa de La Fayette (1634-1639) la base de toda prosa (...). Una buena novela desde entonces es el estudio de una pasión –o de un conflicto de pasiones, o de una ausencia de pasión en un medio dado» (216).

Y con más claridad y con palabras más serenas el mismo autor escribe a propósito de la crítica de un libro de Sarraute:

«Se trata de preservar la novela de dos grandes peligros que le amenazan: esclerosis o descomposición. Por un lado las desordenadas equivocaciones de un pretendido modernismo, que cree «hacer Joyce» y se contenta con vanos delirios, frecuentemente los más convencionales. De otro, la tranquilizadora «vuelta al clasicismo», que imita falsas obras maestras del pasado, bajo pretexto de «hacer el Benjamín Constant». De un lado lo informe y los excesos fáciles de los que los tradicionalistas (literarios) tienen demasiado» (217).

En este texto se unen las dos razones que hemos apuntado por las que el nuevo relato se dirige contra el antiguo. Nos queda sin embargo la duda, después de examinar los escritos de estos autores, de saber si Robbe-Grillet y Nathalie Sarraute niegan el sicologismo o sólo el sicologismo como camino para la novela futura.

---

(214) Butor, «Balzac et la Realité» NNRF, 7 (1959) 228 y 247.

(215) Sarraute, «Conversation et sousconversation» NNRF, 3 (1956) 51.

(216) Robbe-Grillet, «Une voie...», p. 77.

(217) Robbe-Grillet, «Lé Realisme, la Psychologie et L'Avenir du Roman», *Critique,* 12 (1956) 695.

Después de esta críticas Nathalie Sarraute traza, en pocas palabras, la evolución de la novela del siglo XIX. Tomo las ideas de la autora y las expongo dándole mayor proyección histórica para comprenderlas en su verdadero sentido.

Los elementos esenciales de la novela del siglo XIX eran intriga y personaje. Intriga como tierra fundamental. Personajes como los árboles únicos de esta tierra. La novela del XIX era la novela de unas cuantas figuras representativas. Creaba «tipos». Los protagonistas eran más la encarnación de una constancia, –no digo «naturaleza» por ser palabra del vocabulario de la autora– que el relato de una vida. La variedad sólo podía estar en algo exterior al tipo mismo, ya que él era el mismo en todos los instantes. De ahí la importancia dada al argumento. Complicar o dirigir la acción por vías ocultas era el único interés posible de la novela del XIX. Para Sarraute las causas de este modo narrativo hay que buscarlas en la creencia firme en el hombre y en la naturaleza. La autora no se da cuenta que creyendo firmemente en la naturaleza y en la persona se han escrito esperpentos y relatos tan vivos como toda la picaresca española.

La idea de naturaleza que combaten es una idea que ellos se han fabricado a su medida. La novela del XIX, como antes el teatro del XVII creó las figuras del «soberbio», del «avaro», pero estas figuras en los malos autores eran sólo a modo de ideas platónicas encarnadas en cualquier anécdota. Otelo no es el «celoso». Es un hombre concreto obsesionado por los celos.

El estudio que ella hace es inválido por su simplificación. Cuando la novela sicológica centra su relato en un personaje como tal, en la dialéctica de su espíritu, el intento en mano de La Fayette nos hace reír. Si hoy todavía leemos su *Princesa de Cléves* es por su lengua, no por su empalagosa sicología. Pero en la obra de un Proust, por ejemplo, el intento de captación de toda interioridad y recuerdo que vive en un instante del presente, puede ser aceptable o no, pero es todo menos una simplificación. Es fácil atacar el «naturalismo» escogiendo sólo a Zola, pero la novela anterior es más rica y más compleja que esas simplificaciones en la historia de la literatura.

La crítica de Sartre y la del relato objetivo

Sartre ha criticado también la novela del XIX. Se nos perdonará el que repitamos ideas que hemos escrito antes pero, el que Sartre haya escrito además un prólogo para un libro de Nathalie Saraute puede llevar a creer que la crítica de Sartre y la de estos novelistas es idéntica. Sartre en la presentación de *Temps Modernes* y en el ensayo *Qúest-ce que la littérature* (218), habla del papel de la obra literaria. Si se entienden estos escritos como un programa normativo para los escritos existencialistas-comunistas no habría más que tenerles lástima. Pero los escritos de Sartre se han interpretado como un análisis del hecho literario. En este caso no se puede estar conforme con sus ideas. El hecho grave de Boileau, por ejemplo, no era el que estableciera una norma literaria, sino el creer que establecía la única norma literaria posible, puesto que la deducía de la esencia del fenómeno de escribir.

Sartre identifica la literatura del XIX con la «burguesía» y a la «burguesía» con el espíritu de análisis. Se duda de que exista una burguesía y no múltiples formas de un fenómeno burgués. Se duda además que la característica de la burguesía sea su espíritu de análisis y que exista además una única literatura de este tipo. Sartre deja presupuesta esta identificación y acusa a la literatura burguesa de no «haberse comprometido» en la transformación social. Así echa en cara (y rechaza) a los escritores que no protestaron de la represión que sigió a la Commune (219).

Sartre pide a la Literatura –para que merezca este nombre– una eficacia inmediata en el cambio social. Sartre es muy libre de pensar lo que quiera de la literatura y según su idea aceptar o no manuscritos para su revista. Lo que no puede es establecerse un dogma y según ese dogma, el de la eficacia de la literatura en el presente, aceptar o no las literaturas del pasado o la que no profesa su dogma propio y particular. Sartre puede no aceptar más literatura que la que ayude a su idea, pero no está dentro de su libertad –entendida en un sentido no sartriano– el elevar un princi-

---

(218) Recogidos en *Situations II* (1948), págs. 9-30 y 57-330 respectivamente.
(219) Sartre, *Situations II* (1948), p. 13.

pio político a literario y negar el valor estético (!) a cierta literatura basando su juicio de valor literario en la eficacia social –en sentido sartriano– de los autores.

La objetividad de Sartre es la Objetividad necesaria para conseguir la eficacia inmediata de la literatura. Hay que «curar las palabras, para que respondan más a las cosas». El sentido de la objetividad en el relato objetivo es distinta: hay que volver a las cosas por el cansancio literario de haberse apoyado demasiado en el sujeto y en la sicología. Esto nos lleva a ver qué quiere significar la palabra «objetivo» en el relato de este nombre.

Creo que la palabra está mal puesta. Creo que esta tendencia debería llamarse «relato del objeto», o por lo menos entenderla en este sentido.

Para comprender mi afirmación hay que recordar lo que hemos dicho sobre el punto de vista en la narración.

Al decir «relato objetivo» creo que no se refieren los autores a la adecuación de lo relatado con la realidad, sino a la variación del punto de vista narrativo que en la nueva tendencia recae sobre el objeto, en lugar de recaer sobre el sujeto como en la novela sicológica.

La novela naturalista pretendía ser fiel relato de la realidad; pretendía ser objetiva. La novela sicológica, desde Henry James hasta *Ulysses* de Joyce, insiste sobre el sujeto cognoscente como campo inmediato de la narración. Lo que se narra pasa a segundo plano para centrar la novela en la fiel transcripción literaria de la realidad tal como llega al protagonista. La novela sicológica era la narración del mundo en cuanto visto por un sujeto determinado y sólo a través de él. En Proust, por ejemplo, las cosas como tales se disuelven en los sucesivos recuerdos que de ellas tiene el protagonista. Cuando el recuerdo se borra las cosas se deshacen.

La «narración objetiva» se acerca al otro extremo y coloca el punto de vista narrativo en las cosas independientemente de como llegan al sujeto e independientemente de la particular visión del novelista. Esta objetividad nos lleva a dos cosas: por un lado a señalar la total desaparición del protagonista en la ficción. Por otro, a la introducción del mundo como «objetos» en el relato. Colocado el «relato objetivo» en su perspectiva histórica no aparece su innovación tan revolucionaria como sus propugnadores creen.

En muchos sentidos no es más que la evolución normal del relato a partir del naturalismo.

¿En qué consiste la desaparición del protagonista? Claude-Edmonde Magny en su célebre libro sobre la novela norteamericana, *L'Age du Roman Américain* (1948) ha señalado la «despersonalización» del relato. La novela ha dejado de centrarse en un personaje para ser reflejo de una realidad colectiva.

Se dejan esos títulos como *Rachel, Lucienne, Adrienne Mesurat. La Montaña Mágica* no se llama Hans Cartorp, ni *La Náusea,* Antoine Roquentin (220).

Esta novela posterior a la del XIX es algo más que un protagonista porque el protagonista se ha desdibujado en el contorno que le rodea.

La novela se despersonalizaba porque rompía con el esquematismo en la representación de los caracteres. Los protagonistas adquirían toda la complejidad del ser vivo, pero además no era sólo la visión de que él tenía el punto de vista único del narrador, sino las múltiples visiones de todos los que participaban en la novela. De ahí que desaparecieran las consideraciones del autor sobre la marcha de los acontecimientos o sobre las motivaciones de determinada acción. Los personajes de la nueva narración aparecen por sí mismos. En Joyce y Proust –por escoger ejemplos clásicos– los personajes aparecen por medio de la transcripción de su mundo interior o de su recuerdo. La novela norteamericana de Hemingway escogió otro camino: en lugar de describir interioridades y emociones, relatar los objetos que producen en el lector la emoción que experimenta los personajes.

El «relato objetivo» marca la desaparición de estas tres consideraciones, análisis interior, objetos de la emoción, procedimientos narrativos. Para Robbe-Grillet se han dejado estos antiguos caminos por haberse arruinado las «concepciones esencialistas» del hombre (221): «Nadie cree ya más (en los tipos humanos) ni en el escritor, ni el lector. El

---

(220) Magny Claude-Edmonde, *L'Age du Roman Américain* (1948), pág. 118.
(221) Robbe-Grillet, «Une voie...», pág. 84.

lector desconfía del escritor. El escritor desconfía de sus personajes. El personaje parece desconfiar de sí mismo» (222).

Es cierto que desconfiamos de la novela que quiere crear arquetipos humanos, pero normalmente por diversas razones, diferentes de las de Robbe-Grillet. Robbe-Grillet desconfía porque no cree que exista la «naturaleza» ni la «esencia» y sólo es posible hablar de «circunstancia». Nosotros porque conocemos la insondable densidad y aislamiento del término «persona».

Posiblemente, por encima de sus consideraciones, la novela «objetiva» intenta dejar el sicologismo por ser un camino agotado del que la literatura ha conseguido sus más duros frutos. Como en poesía española imitar el *Romancero Gitano* de Lorca no es más que caer en fáciles y vulgares pastiches, porque Lorca llevó las posibilidades de la imagen plástica y del ritmo a su extremo, en novela profundizar en el análisis interior, en la mayoría de los casos, no es más que una vulgar y fácil imitación de Joyce, Faulkner o Kafka.

El relato llamado objetivo se aparta del sujeto y le da relieve al objeto. Es, en el campo de la novela, una «vuelta a las cosas». Las cosas estaban presentes en todos los modos de narración, pero en la nueva moda literaria lo están con una virtualidad propia.

A partir del romanticismo el sujeto vive dentro de las cosas por medio de la atribución de cualidades humanas o las cosas o por medio de evocación. Cuando un novelista escribe, «soplaba el viento sur, perezoso y caliente», está dándole con el adjetivo «perezoso» una cualidad que pertenece sólo al hombre. Hablamos de las «nubes tristes» y la retórica clasificó esos adjetivos (cualidades) como subjetivos, es decir que están no en las cosas sino en quien contempla las cosas. Cuando el novelista escribe: «aquella casa que contenía todos sus dolores»... está evocando y reuniendo en un objeto los sucesivos estados de su alma.

El relato objetivo quiere deshacer esta doble proyección de la persona sobre las cosas. A ésto le han llamado «el

(222) Robbe-Grillet, «Le Realisme, la Psychologie et l'Avenir du Roman», *Critique* 12 (1956) p. 698.

mito de la profundidad» (223). Las cosas no son más ni menos profundas; las cosas son simplemente. Están frente al hombre y son distintas de él.

El hombre del nuevo relato «rehusa la comunicación con las cosas» (224). Se podía decir que esta novela no está haciendo el anti-Balzac, sino el anti-Baudelaire. Está terminando con todos los simbolismos de la expresión y si no fuera por su complicación narrativa su antecedente literario habría que buscarlo en los poemas homéricos.

Escribe Jacques Howlet: «Robbe-Grillet constituye un universo exacto de objetos, sin misterio, sin profundidad, nada de subjetividad, ninguna historia que manche sus apariencias vírgenes» (225). O como se ha dicho en la revista *Critique,* «la materia (en el relato objetivo) no se presenta en función del corazón humano (recuerdo, utensilio) sino como un espacio implacable que el hombre no puede frecuentar sino con su marcha, nunca por el uso por la sujeción» (226). Y el mismo Robbe-Grillet escribe: «En lugar de un universo de significaciones (sicológicas, sociales, funcionales) hay que intentar construir otro más sólido, más inmediato» (227).

Robbe-Grillet elude la descripción de objetos naturales y se entrega con mimo a transformar en palabra los objetos artificiales creo que es por la mayor facilidad que poseen de desligarse del sujeto y del recuerdo. Esto lleva a Robbe-Grillet a páginas que demuestran una maestría descriptiva (recuerdan las descripciones de Góngora en *Las Soledades*) como, por ejemplo, la descripción del tomate en *Les Gommes* (p. 151). A veces nos hacen reír porque en lugar de nombrar el objeto simplemente lo describe en términos universalmente válidos, es decir, en prosa de libro de matemáticas. La complicación de la descripción sólo se soluciona cuando el lector evoca que está hablando del objeto más humilde. Así para introducir en la novela el mojón cuentakilómetros se nos dice que había un «paralelipípedo rectan-

(223) Robbe-Grillet, «Une voie...», p. 85.
(224) Robbe-Grillet, «Naturae, Humanisme, Tragédie». NNRF, 6. (1958) p. 589.
(225) Howlet Jacques, «L'object dans le roman». *Esprit,* 26 (1958), p. 69.
(226) *Critique II* (1955), p. 820.
(227) Robbe-Grillet, «Une voie...», p. 82.

gular unido a un semicilindro de la misma anchura y de eje horizontal» (228).

A mi juicio estos modos de descripción no significaban la anulación del sujeto, sino apartar el punto de vista narrativo de uno de los personajes para crear una imagen válida para cualquier lector, independiente de la visión del novelista o de los protagonistas. Pero se duda que eso sea posible. También se duda que Robbe-Grillet lo haya conseguido salvo en momentos aislados.

Como hemos apuntado anteriormente este interés sobre el objeto lleva a la técnica narrativa a la conversión del tiempo en el espacio.

El crítico americano J. Frank, en un artículo publicado unos años antes de la aparición de estas tendencias (1945) analizando la novela del siglo XIX (sobre todo a Flaubert) preveía el paso del tiempo al espacio en la novela futura (229). Al no haber «historia» sino *cosas* la sucesión narrativa se convierte en el tránsito espacial de una cosa a otra. En *Le Voyeur* de Robbe-Grillet, por ejemplo, donde se trata de rehacer el «tiempo» de un crimen, lo que se nos reconstruye es el espacio de las idas y venidas a lo largo de la isla de un viajante de comercio. En *La Modification* de Butor, la transformación sicológica del protagonista León Delmont se transforma en el trayecto, real y a la vez reconstruido por la imaginación, de París-Roma.

Cuando se leen los escritos críticos de Robbe-Grillet y de Serraute y con ellos en la mente se pasa a la paciente lectura de las obras de estos autores se lleva uno una sorpresa. Entre teoría crítica y realización hay una cierta antinomia. Robbe-Grillet lo ha señalado honradamente: «Que no hay más que un paralelismo bastante flojo entre las tres novelas que yo he publicado hasta ahora y mis puntos de vista teoréticos sobre la novela futura, es la evidencia misma» (230).

Robbe-Grillet da dos posibles explicaciones. Una es la complejidad de una novela de trescientas páginas en com-

---

(228) Robbe-Grillet, *Le Voyeur* (1955), p. 65.

(229) Frank Joseph, «Spatial Form in the Modern Novel». *Sewanee Review* 53 (1945) 221-224.

(230) Robbe-Grillet, «Naturae, Humanisme, Tragédie». NNRF, 6 (1958) p. 581.

paración con un artículo de quince. Razón que nos resulta poco convincente porque un artículo de crítica debe llevar en su prosa condensado lo que en la novela se encuentra en despliegue. Otra razón que da el autor es la dificultad que existe en seguir una tendencia. Siempre es más fácil indicar un camino que recorrerlo. En cualquiera de los casos las producciones del relato objetivo son más ricas, más complejas, más variadas, que sus puntos de vista críticos.

Hasta aquí no habría que mostrar extrañeza alguna. Pero lo que llama la atención es que algunos de los elementos de las realizaciones del nuevo relato están en contra de lo que propugnan los mismos creadores en sus escritos críticos. Más aún: la mayoría de estas obras tienen valor por aquellos elementos que los novelistas del «relato objetivo» han rechazado con más fuerza.

En primer lugar la sicología. Hemos visto cómo y con qué fuerza la rechazaban. Nathalie Sarraute oponía la palabra «tropismos» a la palabra «análisis». Frente a las minuciosas rebuscas interiores de un Henry James por ejemplo o un Aldous Huxley, presentar el fenómeno interior en el instante en que se va formando. Entregar la interioridad más como un flujo que como cristalización. En la novela de Nathalie Serraute no entramos en la corteza de los seres para ir descubriendo las diversas capas geológicas de la personalidad sicológica. Asistimos al nacimiento de esas capas. Ella habla de «tropismos» por referirse a esos movimientos que reaccionan ante impulsos determinados. Si la autora pretende reducir toda la interioridad del hombre a esos impulsos se equivoca desde un punto de vista doctrinal. Pero desde el punto de vista literario –ya que la nueva novela no muestra intenciones ni tesis, sino hechos– está en su derecho de centrar su narración en la aparición de un solo fenómeno más que en su total desarrollo. Las novelas de Sarraute se escriben sobre esa sicología de actos menudos, reflejos y caracteres adquiridos, etc., impuestos por las circunstancias, Sarraute desprecia la novela sicológica y el retrato de caracteres.

Pero ha escrito la novela o las novelas del tan repetido carácter, del hombre falto absolutamente de carácter en el que la constancia es no saber oponerse a nada y vivir en pasividad frente a los menudos estímulos de cada día.

Al hablar de Nathalie Sarraute me refiero sobre todo a *Planetarium,* una novela bien hecha, una novela de la mejor tradición sicológica europea, aunque a la autora no le guste la palabra. Uno de los más finos ejemplos de uso de monólogo interior. Si Nathalie Sarraute necesita buscarle un antecedente sólo puede comparársele con Virginia Woolf.

El mejor Robbe-Grillet cae en la misma tendencia. Digo el mejor, porque hay un Robbe-Grillet que no pertenece al género narrativo, sino a la descripción del siglo XIX. Si a una novela del XIX le quitamos su acción y le dejamos las introducciones descriptivas minuciosas tendríamos algo parecido a la última obra de Robbe-Grillet, *Dans le Labyrinthe.*

Un soldado –¿herido?, ¿enfermo?– desertor quiere, antes que lo encuentre el enemigo, deshacerse del uniforme y un paquete que le ha dado un amigo para entregarlo en una ciudad en la que nunca ha estado, a unas señas que no recuerda. Este es el argumento. Sabemos que la anécdota era un pretexto en *Las Soledades* de Góngora. Que hay que leerlas como lírica y no como épica. En Azorín (en *La Isla sin Retorno,* por ejemplo) lo que se narra está en función de una narración. En Robbe-Grillet lo narrado está en función de los planos descriptivos. Para mí lo más cercano a esta novela de Robbe-Grillet lo encuentro en las viejas historias de arte positivista o en los catálogos de los museos de la misma época y sus minuciosas descripciones del asunto de los cuadros.

En *Le Voyeur,* se emplea el mismo sistema, pero con un fin preciso que da valor literario a su obra. En las idas y venidas –relatadas minuciosamente por medio de descripciones de ingeniero de caminos– de un viajante por una isla, queda una hora en blanco. Es la hora que alude a un crimen no narrado, pero presente. Más que un espacio de tiempo es una dimensión espacial, como el hueco blanco de un cuadro lleno de planos multicolores que se entrecruzan sin llegar a llenar completamente la superficie del lienzo.

La Jalousie, novela que estudia el problema sicológico de los celos, lleva el asunto a una total despersonalización. No sabemos quiénes son «la mujer», «el amigo», «el marido». Pertenecen a la categoría de abstracciones representativas. Los celos no se nos expresan. Sólo se nos describen mi-

nuciosamente todos los objetos midiéndolos y colocándo-
los, desviándolos de su posición, recibiendo diversas luces
que lanzan sombras agudas que se describen también con
lenguaje de geometría. Pero la novela significa algo porque
Robbe-Grillet tiene que darle un contenido simbólico a
muchos de esos objetos que él describe –mejor, mide y sitúa– impersonalmente. Esos elementos simbólicos se repi-
ten a lo largo de la narración y son los que nos marcan la
evolución. Por ejemplo, la mancha de tinta y el ciempiés
aplastado como referencia a la persistencia de los celos en el
marido.

Robbe-Grillet, sobre todo, ha puesto en práctica la descripción de objetos sin intervención de ningún elemento
subjetivo. Esto es cierto, pero hasta cierto punto:

«El conjunto de la sala –escribe en *Le Voyeur*– estaba cortada por una red de elementos paralelos; el muro del fondo, y en primer lugar, a la derecha el fogón, luego cajas, y a
la izquierda, en la penumbra, un mueble de poca importancia; en segundo plano, a una distancia imprecisable del
muro, la línea determinada por el hombre y la mujer»
(231).

Otro ejemplo del mismo estilo que sacamos de su última novela, *Dans le Labyrinthe:*
«otra salida permite dejar el inmueble sin ser visto por los
de la entrada: da sobre una calle transversal a la extremidad
de un corredor secundario, perpendicular al primero, a la
izquierda de la escalera en que aquel termina...» (232).

A pesar de estas descripciones que encontramos en
cualquiera de sus obras tiene que recurrir al poder evocativo de los sustantivos enunciados sin verbo de apoyo:

«El cubo se lava gris».
«El timbre de seguridad desconectado».
«La calle con olor a potaje de coles».
«Los caminos enlodados que se pierden» (233).

Dejamos a un lado a Butor, cuyo caso es distinto. Ni
pretende colocarse en la línea de la novela futura enunciada

---

(231) Robbe-Grillet, *Le Voyeur* (1955), p. 224.
(232) Robbe-Grillet, *Dans le Labyrinthe* (1959), p. 361.
(233) Robbe-Grillet, *Les Gommes* (1953), 31.

por Robbe-Grillet, ni sus innovaciones descriptivas son del mismo tipo que las de Nathalie Sarraute y Robbe-Grillet. Hay en él elementos comunes. Cree como todos los autores del grupo en la necesidad de una renovación del género narrativo, pero busca la regeneración por caminos peculiares.

Se ha insistido, hablando del relato objetivo, en la necesaria participación del lector en la narración. Se dice a menudo que el relato moderno exige una participación del lector en el mundo de lo narrado. Se dice a menudo, pero no es absolutamente exacto. Toda literatura –no sólo el relato moderno– exige una participación. Al desaparecer el comentario del autor y presentar hechos –interiores o exteriores– o cosas –como en el «relato objetivo» –el lector se encuentra en el centro mismo de la creación literaria. Ha sido llamado este fenómeno por los críticos con el nombre de «desaparición del autor». En 1934 J. B. Beach, en *The Twentieth Century Novel* lo enunciaba por vez primera y notaba que en ésto consistía la característica más peculiar de la novela moderna.

En 1957 Castellas popularizaba en España esto en varios artículos y en *La Hora del Lector* relacionando el cambio de técnica con la crisis de la sociedad burguesa.

En el relato objetivo esta participación de lector en el relato es más activa por que necesita la atenta lectura y comprensión para desentrañar el relato. En toda novela en que el autor no introduzca consideraciones personales, el lector tiene un papel creador. En el «relato objetivo» el papel creativo del lector se hace poniendo una hoja de papel junto al libro y desentrañando la construcción de la narración como quien desentraña un problema de matemáticas o una página de lógica simbólica. Por lo menos hasta familiarizarse con ella.

INDICE

PUBLICACIONES DEL MONTE DE PIEDAD Y CAJA DE AHORROS DE CORDOBA

COLECCION UNIVERSIDAD